Un paso atrás...
¡ni para tomar vuelo!

10 Caminos para la
Autorrealización

Pilar Obón

Un paso atrás...
¡ni para tomar vuelo!

10 Caminos para la
Autorrealización

Editorial Época, S.A. de C.V.
Emperadores No. 185
Col. Portales
C. P. 03300, México, D. F.

1a. edición, abril 2010

© *Un paso atrás...*
   ¡ni para tomar vuelo!
   Pilar Obón

© Derechos reservados 2010
© Editorial Época, S.A. de C.V.
   Emperadores No. 185, Col. Portales
   C.P. 03300-México, D.F.
   www.editorialepoca.com
   Tels: 56-04-90-46
           56-04-90-72

Diseño de portada: Adriana Velázquez Cruz
Formación tipográfica: Ana M. Hdez. A

ISBN: 970-627-777-3
ISBN: 978-970-627-777-0

Impreso en México — *Printed in Mexico*

Introducción

El objetivo principal de todo ser humano debe ser la felicidad. Y no hay felicidad completa sin la autorrealización. La realización personal va más allá de lograr el éxito en la vida, o acumular bienes o fortuna. Es disfrutar de una autoestima saludable, es confiar en nuestros propios recursos y habilidades, es saber tomar decisiones y trazar los planes que nos llevarán a conquistar nuestros objetivos y proyectos. Es tener aquello que siempre hemos deseado, ser lo que siempre quisimos ser. Es sacar el máximo provecho de nuestras virtudes y aprender a vivir con nuestros defectos. Es seguir adelante sin desfallecer, sin dar jamás ni un paso atrás.

Decía el sabio Confucio que por muy largo que sea el camino, siempre se comienza por el primer paso. La senda hacia la autorrealización no es la excepción. De hecho, al tener este libro en tus manos, estás iniciando ese trayecto que te llevará a ser la persona que siempre quisiste ser, para lograr lo que deseas y realizarte plenamente en todos los aspectos.

Esta obra plantea diez caminos hacia la autorrealización que, en realidad, son parte del mismo viaje;

diez estaciones que te llevarán hacia el objetivo final. Un objetivo y una realización que, no lo dudes, están al alcance de tu mano.

Confía en ti mismo y en lo que puedes lograr; no te dejes vencer por el desaliento, ni por la inseguridad. Recorre con persistencia la ruta, sin perder de vista el objetivo final. Sin dar jamás un paso atrás.

Estás a punto de comprender que la felicidad es hacer lo que se desea, y desear lo que se hace. Así que deja de soñar tu vida, y aprende a vivir tu sueño.

¿Qué es la autorrealización?

Una empresaria pasó por un pueblito del condado de Yorkshire, en Inglaterra, de camino hacia Londres, donde sostendría una importante reunión de negocios.

Al dar vuelta a una calle, se topó de pronto con el jardín más hermoso que hubiera visto nunca: estaba sembrado de rosas de todos colores, y al fondo del predio se veía una pequeña cabaña, tan encantadora que parecía salida de un cuento de hadas. Una mujer de mediana edad se movía entre los rosales, podando algunos, removiendo la tierra de otros, deteniéndose para aspirar el perfume de las flores de más allá.

Impresionada ante la belleza del lugar, que parecía realmente una tarjeta postal, la empresaria detuvo su costoso auto deportivo frente a la verja de hierro forjado y llamó a la mujer.

—Disculpe, sus rosas son muy bellas. ¿Podría venderme una docena?

—Se las regalo —dijo la mujer—, mis rosas no están a la venta, pero puedo obsequiarlas a alguien que realmente las aprecie.

Y mientras decía esto, cortó doce rosas de otros tantos rosales, y entregó a la empresaria un precioso ramo fragante. Ésta lo tomó sorprendida, diciendo:

—Se lo agradezco mucho. Oiga, ¿no ha pensado nunca en hacer negocio con sus rosas? Se venderían muy bien, y usted podría ganar mucho dinero.

—¿Y para qué me serviría? —preguntó la jardinera, sonriendo.

—Pues... pues... —la empresaria se quedó de momento sin palabras: ¿cómo era posible que alguien hiciera semejante pregunta? —Podría tener una bien provista cuenta en el banco, y después podría retirarse a hacer lo que usted quisiera —dijo al fin—. Yo lo haría si fuera usted. Mi sueño —continuó—, sería, por ejemplo, tener una cabaña como la suya, y ninguna preocupación en el mundo más que cultivar rosas tan bellas...

Calló al darse cuenta de lo que estaba diciendo. La jardinera la miraba sonriente.

—Pues... parece que yo ya he cumplido su sueño —le dijo a la empresaria—. Como ve, no necesito vender mis rosas...

La mujer de negocios asintió sin saber qué decir. Momentos después, se alejaba por la carretera en su auto deportivo. Y por primera vez, se dio cuenta de lo que realmente quería hacer con su vida...

¿Qué es la autorrealización? ¿Es vivir sin preocupaciones? ¿Es lograr nuestras metas económicas? ¿Es tener fama y poder? ¿Ocio y tranquilidad? ¿Es demostrarle al mundo lo que valemos? ¿Es lograr la paz interior?

El concepto de autorrealización es muy subjetivo, porque cada quien tiene su propia idea. Así por ejemplo, una mujer puede pensar que se realizará siendo madre, y otra opinará que su plenitud no es tener hijos, sino alcanzar el éxito profesional.

Así que, autorrealizarse es una cuestión muy personal, y depende de los sueños de cada quien. De acuerdo con esto, podríamos aceptar la definición del gran psicólogo Carl Gustav Jung, quien decía que la autorrealización es un impulso dentro del yo para realizar, satisfacer y mejorar las propias potencialidades humanas al máximo.

Esto significa echar a andar nuestro motor interno para ir en pos de lo que queremos lograr, utilizando para ello nuestras cualidades y recursos. Todos podemos cumplir muchas funciones en nuestra vida y en la sociedad; lo ideal es que la función que cumplamos sea exactamente la que más nos gusta. Si nos gusta, es porque seguramente tenemos facilidad para ello, así que al convertirla en nuestra función, la realizaremos con el gusto y contento que ponemos al practicar nuestro pasatiempo favorito.

Sin embargo, el concepto va bastante más allá de sólo dedicarnos a lo que nos gusta. En realidad comprende el hecho de vivir como nos gusta: rodeados de la gente a la que queremos, sintiendo que cada día que pasa vale la pena disfrutarlo al máximo, existiendo en armonía con nuestro entorno y, principalmente, con nuestro yo interno.

Características de las personas autorrealizadas

El Dr. Abraham Maslow fue uno de los fundadores, en 1962, de la Asociación Americana de Psicología Humanista, junto a Carl Rogers, Charlotte Buhler, Kurt Koffka y otros. Su teoría era que no debíamos adaptarnos a las circunstancias, sino hacer que éstas se ajustaran a lo que nosotros queremos. Así, sustituyó el concepto de "adaptación" por el de "autorrealización".

En su libro *La personalidad creadora*, donde su esposa recopiló sus escritos en forma póstuma, el Dr. Maslow daba algunas características de las personas que habían logrado autorrealizarse, hombres o mujeres:

- Con un buen conocimiento de sí mismos; aceptan tanto sus virtudes como sus defectos.
- Centrados en la realidad, saben diferenciar lo falso o ficticio de lo real y·genuino.
- Centrados en los problemas, los enfrentan en virtud de sus soluciones.

- Con una percepción diferente de los significados y los fines, se concentran en lo que es importante para ellos, y no en lo que opinan los demás.
- Optimistas, con buen sentido del humor y eficientes al manejar el estrés.
- Creativos, siempre buscan soluciones diferentes a los problemas, o nuevas formas de hacer las cosas.
- Curiosos, con gran anhelo de aprendizaje, abiertos a nuevas ideas y a explorar territorios y ámbitos desconocidos.
- Estables en sus relaciones con los demás, pero sin dejarse influenciar por modas u opiniones contrarias. Sin embargo, lo bastante abiertos como para reconocer cuándo están equivocados, y lo suficientemente flexibles para cambiar de rumbo si esto es necesario.
- Firmes a la hora de tomar sus decisiones, e incontenibles cuando se trata de conquistar sus metas, porque saben lo que quieren y cómo lograrlo.
- Persistentes. Saben que para alcanzar lo que desean deberán esforzarse y trabajar, poner todo de su parte. Jamás dan un paso atrás, al contrario: procuran caminar siempre hacia adelante.

¿Te reconoces? ¿Cuántas cualidades de éstas posees, y cuáles será necesario desarrollar? El propósito de este libro es, precisamente, ayudarte a adquirir lo que se necesita y orientarte en tu ruta hacia la autorrealización.

1. Autodescubrimiento y reinvención

Un día, un hombre despertó sobresaltado, sintiendo que había perdido su alma. La buscó por todas las habitaciones de su casa y no pudo encontrarla. Pensando que tal vez estaría fuera deambulando por ahí, se vistió apresuradamente y salió a la calle.

Pero no vio a su alma por ningún lado. Al otro lado de la acera, una mujer caminaba paseando a su perrito. El hombre cruzó la calle y se le acercó:

—Disculpe, ¿no ha visto un alma por aquí?

La mujer se sorprendió tanto que sólo negó con la cabeza, y hasta el perrito gruñó; ambos se alejaron calle abajo, volteando de vez en cuando para asegurarse de que ese hombre de la mirada desesperada no los seguía.

El hombre buscó a su alma bajo los árboles, en los nidos de los pájaros, en los buzones de todas las casas. Preguntó a todos los transeúntes si alguien la había visto, pero todos se alejaban de él. Muchos pensaron que el pobre se había vuelto loco.

Al caer la tarde, el hombre volvió desolado a su hogar. Se sentía vacío y un pesado desánimo gravitaba sobre él.

Caminó hasta su recámara, y antes de tirarse en su cama, deprimido, miró por casualidad al espejo, y abrió mucho los ojos. La imagen que el espejo le devolvió fue la de un hombre con la barba crecida y el desaliento en la mirada, pero había un pequeño punto de luz brillando en su pecho.

El hombre se miró a sí mismo, sintiendo que recuperaba la alegría de vivir.

—¡Aquí está mi alma! —exclamó—. ¡Brillando en mi pecho!

Acariciando el resplandor que emanaba de su corazón, el hombre le dijo:

—Alma mía, sentí que te había perdido; te busqué por todas partes, pero no pude encontrarte.

Y entonces el alma respondió:

—Es que me buscaste en todos los sitios equivocados. Si hubieses mirado dentro de ti mismo, te habrías dado cuenta de que nunca me perdiste, porque siempre estuve en tu interior.

Encuentra a tu verdadero yo

Muy pocas veces miramos en el interior de nosotros mismos, por lo que en ocasiones no llegamos a conocernos. Esto es como vivir con un desconocido.

Y lo cierto es que este camino hacia el autodescubrimiento es también el paso inicial de este viaje. Cuando quieres mejorar algo, es necesario primero conocerlo, y a profundidad, porque de otra manera no sabrás qué puedes aprovechar ni qué debes remediar, cuáles son las cualidades o los defectos, las ventajas o los problemas que debes solucionar.

Porque existe una muy buena probabilidad de que no seas como dices ser. Es más: que ni siquiera seas como crees que eres.

Aunque todos tenemos un modo de ser y una personalidad más o menos formada, eso no significa que ese modo de ser y esa personalidad correspondan a nuestra realidad interior.

¿No te ha pasado que a veces quisieras actuar de otra manera? Por ejemplo: alguien te dice algo que te deja sin respuesta en presencia de otras personas. De momento, no sabes qué contestar. Pero después, digamos en la noche, cuando estás en calma, tu cerebro te arroja, cuando menos, cinco respuestas posibles que podías haber dado. ¡Es tu verdadero yo!

¿Otro ejemplo? Estás en una eliminatoria importantísima, pero a la hora de la verdad, fallas y no clasificas. Después, revisando tu actuación, nadie se explica por qué fallaste si ya la tenías ganada. Ni tú mismo puedes decir qué te pasó. Sin embargo hay una respuesta: en realidad, no querías clasificar. ¡Tu verdadero yo!

Tu voz interior

Todos tenemos sueños que nos parecen imposibles. Digamos que el tuyo es llegar a ser una bailarina famosa, o un artista de renombre. Pero sabes (crees) que nunca lo lograrás, así que te dedicas a la Administración de Empresas, no porque eso te guste, sino por la facilidad de encontrar empleo, o poder ganar más dinero.

Y hay ocasiones en que quieres decir cosas que callas. O quieres hacer cosas que no haces. O tienes reacciones que no dejas salir. O, en términos más frívolos, te pones un suéter que no te gusta, para que tu tía Ofelia, que te lo tejió, no se ofenda.

Bueno, todo eso que ocurre en el fondo de ti mismo; todos esos sueños, todas esas palabras, todas esas reacciones, todos esos anhelos y gustos secretos, son manifestaciones de tu verdadero yo, que te manda mensajes todo el tiempo, a veces con una voz tan débil que no la escuchas, a veces con verdaderos alaridos.

Desde luego, tu verdadero yo no es una "hermanita de la caridad". Así como tiene su lado bueno, tiene también su lado malo. Y está bien controlar ese lado malo, pero no es conveniente ponerle un freno a ese lado bueno y luminoso de tu personalidad.

La gran mayoría de las personas no está muy segura de cuál es su verdadero yo. A eso se refiere la frase: "no se encuentra a sí mismo". Pero cuando realmente se buscan y se encuentran, descubren cosas que no sabían de sí mismos, y generalmente se dan cuenta de que han conseguido, por fin, amarse y aceptarse tal y como son. Han escuchado su voz interior y le han hecho caso.

Esa voz interior, que nadie más que tú escucha, te dice cosas acerca de ti, cosas reales, normalmente positivas o más de acuerdo con tu personalidad. Como dijimos antes, hay que estar atentos para evitar el lado malo de nuestra personalidad, y acrecentar el bueno, para ser como realmente somos.

Es decir, vamos a empezar por escuchar esa voz. Piensa en cómo te gustaría ser. Tal vez popular, o lograr un puesto más alto, o atreverte a decir lo que piensas, o a decir que no cuando sientes que debes hacerlo, o te gustaría dedicarte a algo en especial y no a la profesión que actualmente tienes. Es posible que descubras que te gustaría ser una persona totalmente distinta y mejor de lo que eres.

Ese deseo, que quizá no compartes con nadie más que contigo, puede ser una manifestación de tu voz interior que te habla al oído, y puede encerrar la esencia de tu verdadero yo.

Y bueno, aquí viene la pregunta del millón:

¿Por qué no eres como quieres ser?

Hay muchas cosas que pueden estar alejándote de tu verdadero yo.

*Formación: La *educación* nos enseña una escala de valores y a distinguir lo que está bien de lo que no. La *formación* enseña un modo de ser, de reaccionar y de pensar, que a lo mejor no corresponde con lo que eres, ni con tus reacciones, ni con tus pensamientos, sin que sea necesariamente nociva, porque a veces es buena o por lo menos necesaria para adaptarte mejor a tus circunstancias. Algunos casos:

Si vives en un medio hostil, te formarás con un carácter agresivo, muy alejado quizá de tu verdadera naturaleza.

Digamos que naciste zurdo y alguien te obligó a escribir con la mano derecha.

En tu infancia te castigaban cuando llorabas, por lo que te formaste escondiendo tu sensibilidad.

Cuando escribiste tu primer poema, se burlaron de ti, y esa formación te enseñó que los poetas son ridículos, así que ocultaste, y quizá con el tiempo olvidaste, esa faceta de tu personalidad.

Alguien te metió en la cabeza la idea de que no sirves para nada, y para nada servirás mientras estés convencido de eso.

Siempre te dijeron que debías estudiar Medicina, como tu papá, cuando en realidad hubieras querido dedicarte al Diseño Gráfico.

¿Captas? Toda esa formación, que es bien intencionada pero muchas veces equivocada, va disfrazando a tu verdadero yo, hasta que éste se esconde definitivamente en su interior. Si tú no lo rescatas... ¡nadie lo hará!

Inseguridad: Esa vieja conocida, la inseguridad, está por lo visto detrás de una buena parte de nuestros problemas. Si eres una persona insegura (tal vez a causa de la formación), entonces pensarás que siendo como realmente eres te encaminas al desastre y a una vida de soledad, porque nadie te va a querer. Así que alteras tu verdadero yo en función de los demás, para complacerles y, muchas veces, para ahorrarte problemas. A lo mejor te fascinaría ser cantante, pero te mueres de pensar en el abucheo, así que prefieres convertirte en técnico en computación, por ejemplo. Te vistes, te comportas, hablas y hasta piensas de cierta manera para ganarte el aprecio de los demás. Puedes conseguir el aprecio de unos pocos, pero tu aprecio por ti va disminuyendo a pasos agigantados.

Inercia: Es el movimiento derivado de la acción de una fuerza. En nuestro caso, la fuerza son tus amigos, la sociedad o el mundo: tú ahí vas con el resto, haciendo lo que los otros hacen, bueno o malo. Muchas veces sintiéndote mal al hacerlo, muchas veces sintiéndote insatisfecho, pero sin detenerte a pensar qué quieres y quién eres en realidad. No puedes ser como todos, porque cada uno es distinto a los demás. ¿Entonces?

Deseo de imitación: "Yo quiero ser como tú cuando sea grande". Bueno, si tu modelo es alguien sensacional, está bien que quieras ser como él o como ella; pero no convirtiéndote en una copia al carbón, sino utilizando de tu VERDADERO YO esas cualidades que se parecen a las de tu modelo, y sacándoles brillo. Sin embargo, muchas veces uno trata de ser como otras personas simplemente porque ve que tienen éxito. A veces los modelos son malos, o tan distintos a uno, que para ser como ellos tendríamos que cambiar nuestra personalidad.

¡Y nunca segundas partes fueron buenas, ninguna tiene la calidad del original!

Esto de la imitación es difícil de combatir, porque todo lo que aprendemos es por imitación: desde hablar hasta caminar, desde comer hasta escribir, desde bailar hasta recitar. Pero hay cosas que realmente no pueden imitarse. Cosas como el pensamiento, los sentimientos, las opiniones, la forma misma de ser de una persona. Ahí está el verdadero yo de cada uno. Y dime, ¿qué caso tiene imitar al verdadero yo de otro, si tú tienes el propio?

Falta de impulso: Puede ocurrir que estés consciente de que no estás siendo como realmente eres, y que podrías ser mejor si quisieras. Pero te instalas en una zona de comodidad y piensas: "¿Para qué, si así estoy bien?" Pero... ¿realmente estás bien?

Reingeniería personal

La ruta del autodescubrimiento implica llevar a cabo una reingeniería personal, que significa reinventarte a ti mismo de cara a lo que deseas lograr.

Renovación no es lo mismo que reinvención. Renovar significa darle una pulida a algo para que se vea más... nuevo, pero en el fondo sigue teniendo los mismos defectos, sin haber un cambio de fondo. Reinventar, por su parte, es aplicar una especie de ingeniería para cambiar algunas estructuras, reforzar otras, atenuar defectos y fortalecer virtudes para crear un concepto enteramente diferente.

Siguiendo este principio básico, tú puedes reinventarte a ti mismo implementando una reingeniería personal. El proceso involucra una introspección, una aceptación y una voluntad de transformación. ¿Qué ganas con eso? Mover tu vida hacia adelante. Si sientes que estás estancado, que tus metas se tardan en cumplirse, que las cosas realmente no salen como quieres y que, en general, tu vida se desliza a un centímetro por año, entonces no necesitas pulirte, necesitas una reinvención.

La Reingeniería personal es una técnica que tiene cinco pasos, mismos que deben cumplirse en orden, ya que no puedes pasar al siguiente sin haber completado el anterior. ¿Su duración? Depende de las transformaciones que deban hacerse en cada caso.

Pero si la realizas a conciencia, pronto notarás que tus deseos, comienzan a suceder.

Los cinco pasos de la Reingeniería personal

Es conveniente que apuntes los resultados obtenidos en cada uno; estas notas te ayudarán a elaborar tu proyecto de reinvención.

Paso uno: Análisis

En esta primera fase del proceso tienes que poner tu vida sobre la mesa para contemplarla, digamos, desde la barrera, como si fueras otra persona. De esta manera, podrás darte cuenta de lo que has logrado y de aquello en lo que has fracasado, de los planes que tienes pendientes y de hacia dónde quieres dirigirte.

Implica revisar tu proyecto de vida, descubrir si estás satisfecho con lo que ha ocurrido hasta ahora, si tienes las metas adecuadas, o si éstas son inalcanzables, poco realistas o incluso equivocadas. Es un proceso maduro de análisis que te permitirá saber qué tan lejos has avanzado en el camino que te trazaste, o si necesitas cambiar de rumbo.

¿Qué debes tener en cuenta? Lo que realmente deseas. No lo que otros esperan de ti, o lo que se supone que debes lograr. Por ejemplo, quizá tienes una profesión que no te satisface, y muy en el fondo hubieras querido dedicarte a otra cosa. Si es el caso, debes comenzar a considerar la posibilidad de cambiar de giro.

Lo mismo puedes hacer con tus relaciones personales. ¿Son satisfactorias? ¿La gente te acepta? ¿Tus relaciones de amor son tormentosas o estables? ¿Cómo te gustaría relacionarte con el mundo que te rodea?

El análisis debe ser profundo, consciente y, sobre todo, honesto. Muchas veces, la honestidad implica tener el valor de aceptar y después de cambiar.

Una vez que tengas un panorama claro de dónde estás y qué quieres lograr, puedes entrar a la segunda fase.

Paso dos: Introspección

Ya miramos hacia el exterior, a lo que es tu vida y tu proyecto de autorrealización. Ahora, es necesario que mires hacia adentro. Así como analizaste tu vida, vas a analizar tu ser.

Esto no siempre es fácil, porque en ocasiones (o casi siempre) el ego es un obstáculo. Mírate nuevamente, como si fueras otra persona, y trata de verte como te ven los demás.

Esta fase involucra un reconocimiento de lo que eres, pero también de lo que no eres. Deja a un lado la modestia y encierra al ego bajo cuatro llaves para poder aceptar tus defectos y tus fortalezas, los que tú percibes en ti. Apúntalos, si quieres, en forma de lista.

Toma nota de todo, no sólo de los defectos y virtudes de personalidad, sino también de tus habilidades y limitaciones, tus gustos y disgustos, tus preferencias. Lo que te gusta y no te gusta de ti. Aquello que te apasiona y aquello que te deja frío.

Al final de esta etapa, y mirando esa lista que hiciste de fortalezas y debilidades, y que resultó de una introspección madura y sincera, tendrás, en el papel, tu forma de ser y tu esencia. Servirá para conocerte mejor, para descubrir la materia prima que tienes en las manos para someterla al proceso de Reingeniería.

Paso tres: Recuento

Esta tercera fase comienza con un experimento. Habla con tus amigos, con tu familia, con quienes te conozcan bien y sepas que van a ser sinceros contigo. Pregúntales cómo te ven ellos. Qué perciben en ti como defecto y como virtud. No te enojes ante la crítica, ni te crezcas ante el elogio. Tenemos que ser objetivos. Y es absolutamente necesario que a quien le preguntes te diga la verdad, sin exagerarla, sin maquillarla, sin ocultarla. Es decir, deben de ser cien por ciento confiables.

El propósito de este paso es comparar lo que otros piensan de ti con la forma en que tú te ves, para obtener así un panorama más completo. Todavía no liberes al ego, no lo necesitamos en este momento, porque podría oponerse a algunos comentarios de la gente que te rodea.

Aquí podrás toparte con algunas sorpresas. Quizá habrá cosas que tú considerabas debilidades, y que la gente a tu alrededor percibe como fortalezas. O viceversa. Y pueden aflorar defectos y virtudes que no sabías que tenías. Pero si los demás los captan, es porque están ahí.

Teniendo ya las dos listas, la tuya y la de otros, podrías hacer un recuento real de lo que tienes, de lo que no tienes, de aquello que debes controlar y manejar, de lo que debes implementar. Estarás en condiciones de pasar a la cuarta etapa en este proceso de Reingeniería personal, que es...

Paso cuatro: Planeación

Teniendo a la vista la realidad acerca de ti y de tu vida, podrás comenzar a hacer los planos (toda obra de ingeniería requiere de un plano, ¿no?).

Vamos a concentrarnos, primero, en ti. Y debemos comenzar, forzosamente, con el lado oscuro del asunto, es decir, con tus debilidades.

Habrá algunas que, en definitiva, no podrás cambiar. Estos son los "programas inamovibles" que se mostrarían, por ejemplo, cuando pones a desfragmentar un disco duro. Y se referirán, en su mayoría, a habilidades físicas. Si no se te da el baile, quizá puedas aprender, pero nunca serás un gran bailarín.

Si no tienes el físico necesario, quizá no llegues a triunfar en Míster México. ¿Captas?

Sin embargo, habrá debilidades que puedas convertir en fortalezas para llevar a cabo el verdadero proceso de reinvención. Defectos de personalidad que puedes superar, actitudes equivocadas que puedes cambiar, lagunas de conocimiento que puedes llenar.

Haz un plano, por etapas, de cómo puedes transformar cada uno de estos puntos débiles para convertirlos en nuevas estructuras.

Ahora, vamos con las fortalezas. Éstas nos servirán para trazar nuevas metas, para captar aquellas áreas en donde te será más fácil lograr el éxito y realizar tus proyectos. Ve cuáles puedes desarrollar y cuáles no necesitan cambio, sino que servirán de soporte para toda la nueva estructura que harás de ti mismo.

En tercer lugar, hay que establecer objetivos. Detecta todo aquello que quieras cambiar en tu vida, y apóyate en tus fortalezas para planear cómo vas a hacerlo.

¿Listos los planos de tu Reingeniería personal? Entramos, entonces, en la etapa final.

Paso cinco: Transformación

Ahora, convierte esos planos en realidad. Construye la estructura. Lleva a cabo las transformaciones necesarias y comienza a trabajar para conseguir lo que te has propuesto.

Esta es la fase más larga de todas, la que requerirá de más tiempo, paciencia, voluntad y valor. Implica superar los obstáculos, replantear los objetivos, quizá hacer cambios importantes. Es aquí donde llevarás a la práctica el proceso completo de reinvención de ti mismo, que te pondrá en trayectoria directa hacia tu realización personal.

Objetivo: tú

Claro, esto no se logra de la noche a la mañana. Es todo un proceso que deberás realizar a conciencia, sin interrumpirlo. Debe ser constante, tenaz, uniforme. Y sobre todo, debe ser auténtico. Porque no vas a convertirte en otra persona. Vas a reinventar al ser que ya eres para lograr, a partir de lo que tienes, convertirte en una persona más exitosa en todos los aspectos. Y sí, ya puedes liberar al ego.

La importancia de saber quién eres

En una bella película llamada *Hechizo de luna*, protagonizada por Cher y Nicholas Cage, se presenta una escena en la cual la madre de ella, mujer de edad y casada, sale a cenar sola una noche después de enterarse de que su marido está teniendo una aventura extramarital. En el restaurante, conoce a un hombre con el cual entabla una agradable conversación. Al final de la velada, él la acompaña a casa y le pregunta si puede subir con ella. La mujer lo mira y le dice: "No". Él pregunta, claro, por qué no. Y ella responde con una frase maravillosa: "Porque yo sé quién soy".

Conocerse a uno mismo implica entonces detectar cualidades y defectos, debilidades y fortalezas. Es un ejercicio de autoevaluación y reflexión. También significa aceptarnos como somos. Eso permitirá acrecentar nuestras cualidades y tratar de atenuar nuestros defectos, saber hasta dónde podemos llegar, y en qué terrenos es mejor no meternos. Es sacar el máximo provecho de nuestras virtudes y aprender a vivir con aquellas limitaciones que realmente no podemos controlar. A través de todo esto, podremos fijar expectativas realistas acerca de lo que queremos lograr.

> *"Aprende a ser... aquello que eres,*
> *y aprende a renunciar con elegancia*
> *a todo aquello que no eres."*
> Henri Frederic Amiel

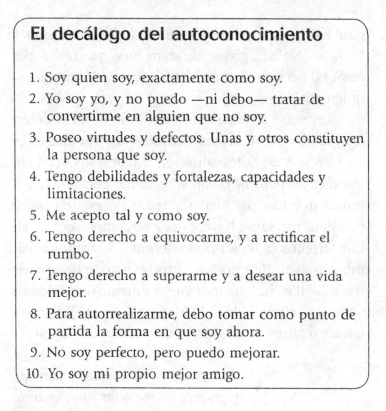

El decálogo del autoconocimiento

1. Soy quien soy, exactamente como soy.

2. Yo soy yo, y no puedo —ni debo— tratar de convertirme en alguien que no soy.

3. Poseo virtudes y defectos. Unas y otros constituyen la persona que soy.

4. Tengo debilidades y fortalezas, capacidades y limitaciones.

5. Me acepto tal y como soy.

6. Tengo derecho a equivocarme, y a rectificar el rumbo.

7. Tengo derecho a superarme y a desear una vida mejor.

8. Para autorrealizarme, debo tomar como punto de partida la forma en que soy ahora.

9. No soy perfecto, pero puedo mejorar.

10. Yo soy mi propio mejor amigo.

2. Eleva tu autoestima

En el último rincón de las oficinas de una empresa, había un escritorio lleno de papeles. Sergio era el encargado de clasificarlos y archivarlos. Llevaba veinte años en ese mismo puesto, gris y olvidado, insatisfecho y triste. Estaba ahí, simplemente, porque él pensaba que no tenía lo necesario para progresar, que había obtenido de la vida exactamente lo que merecía.

Desde su puesto en ese rincón, y mientras ordenaba sus papeles, Sergio observaba lo que ocurría a su alrededor, y muchas veces reflexionaba que algunos procesos de la empresa podrían mejorarse, pero como nadie se había preocupado por pedirle su opinión, y él tampoco se atrevía a expresarla, permanecía en silencio guardándose para sí el resultado de sus observaciones, pensando que no eran importantes después de todo.

Cierto día, un nuevo director, joven y dinámico, llegó para hacerse cargo de la empresa. Sabía que ésta no funcionaba como era debido, así que decidió recorrerla para presenciar de primera mano cómo se hacían las cosas. Un secretario avanzaba detrás de él, tomando notas de las sugerencias de los emplea-

dos. Hasta ahora, lo que había anotado en su libreta eran cosas como: "Deberían poner café caliente en cada piso", o "Deberían concedernos media hora más para comer", o "Necesitamos computadoras nuevas".

Al final de su recorrido, el nuevo director se sentía un poco perdido. Miró a su secretario, el cual movió la cabeza: no habían dado con nada que fuera realmente útil a la empresa.

Cuando pasó por el escritorio donde estaba Sergio, ya de regreso a su oficina, el empleado se inclinó sobre sus papeles, con la esperanza de que el nuevo directivo no notara su presencia. Pensaba que seguramente sería despedido, porque su labor no era realmente tan necesaria en la empresa, y podía ser fácilmente sustituido, a sus 48 años, por alguien más joven.

Pero el nuevo director sí lo vio y, deteniéndose ante su escritorio, preguntó:

—¿Y usted cómo se llama y qué hace?

—Mi nombre es Sergio Ramos, y archivo papeles —contestó el empleado, con un hilo de voz.

El secretario anotó el nombre en su lista.

—¿Cuánto tiempo tiene en esta empresa? —volvió a inquirir el director.

—Veinte años, señor —fue la tímida contestación.

El director lo miró. Después, volteó la cabeza, observó a su alrededor y dijo:

—¿Nunca se ha movido de este lugar?

—*No.*

—*Desde aquí puede ver muchas cosas.*

—*Sí, efectivamente* —*respondió Sergio, extrañado del rumbo que tomaba la conversación.*

—*¿Y qué ha visto?* —*quiso saber el director.*

Sergio calló por unos momentos. Observó al director, que lo miraba amigablemente, con una sonrisa en los labios. Y, por primera vez en muchos años, se dio cuenta de que alguien quería escucharlo. Se sintió de pronto muy bien, y habló con voz un poco más segura cuando respondió:

—*Pues que algunos procesos se tardan demasiado tiempo. Por ejemplo. Cuando llega una orden de compra, pasa a aquel departamento* —*dijo, señalando a una esquina*—*, donde la revisan; de ahí pasa a aquel departamento de allá, donde la programan; enseguida, aquella persona de más allá revisa de nuevo la orden, y se comunica con el área de surtidos para decirle que le va a llevar una orden; a su vez, el área de surtidos va reuniendo todo lo que la orden pide; el departamento de revisiones checa si está todo completo, y remite la orden y el pedido para su aprobación. Éste lo lleva al área de embarque, donde el pedido permanece una semana, porque hay otros muchos pedidos atrasados. Todo el proceso lleva aproximadamente tres semanas. Es frecuente que el cliente ya no quiera el pedido cuando le llega, y creo que por eso estamos teniendo menos ventas.*

Sergio dijo lo anterior casi en un solo respiro. Guardó silencio cuando terminó, y el director, impresionado, preguntó:

—¿Y cómo cree usted que eso podría remediarse?

Entonces, Sergio dio una idea que se le había ocurrido hace años:

—Crear un departamento central para surtir las órdenes, que coordine al área de surtidos, que programe los pedidos, y que agilice todo el proceso. Creo que podríamos reducir esas tres semanas a tres días.

El director lo miró y, dándose vuelta, ordenó mientras se alejaba:

—Venga a mi oficina, por favor.

Sergio sintió que el estómago se le iba a los pies. El director iba a correrlo, seguro. ¿Por qué habría hablado? Ahora, perdería su trabajo, que era mísero pero lo único que tenía y, a su edad, nadie querría emplearlo.

Solos en la oficina (bueno, con la presencia del infaltable secretario), el director le dijo:

—Señor Ramos, usted es una persona que ha permanecido veinte años en un escritorio, lo cual es un desperdicio, porque tiene usted una mente aguda y creativa, y es muy buen observador. Desde este momento lo nombro gerente de operaciones, porque creo que nadie conoce esta empresa como usted. Dispondrá de oficina propia, todos los recursos y personal que necesite, y un sitio en el Consejo Directivo de la empresa. *Su sueldo será revisado y aumentado de acuerdo con su nueva responsabilidad. ¿Acepta?*

No le preguntó: "*¿cree que podrá hacerlo?*". *El director estaba seguro de que Sergio era muy capaz.*

Y así, ese hombre que había estado relegado dos décadas, con una autoestima por los suelos, se dio cuenta de que poseía grandes cualidades. Pero lejos de crecerse, trabajó eficientemente y, en dos años, la empresa era líder en el mercado.

Realmente, a veces no sabemos lo que tenemos, ¿no?

El autodescubrimiento te ayudará a aceptarte a ti mismo. Y esto es la clave principal para tener una autoestima saludable, factor definitivo para poder lograr tu autorrealización.

La autoestima es el concepto que tienes de ti, la forma como te ves, como te consideras, como te aceptas. Es el grado de amor que tienes por ti. Muchas personas tienen baja autoestima por una razón bastante simple:

Se concentran tanto en sus defectos,
que se olvidan de sus cualidades.

En nuestro relato, Sergio tenía un pobre concepto de sí mismo, no sabía que tenía "una mente aguda y creativa", porque nunca se preocupó por cerrar los ojos a sus defectos (inseguridad, pasividad, timidez) y descubrir sus habilidades.

La gente que tiene una baja autoestima tiende a deprimirse y a aislarse, le cuesta trabajo relacionarse con los demás, nunca se esfuerza lo suficiente porque está derrotada de antemano, y como no se quiere, puede muy bien caer en comportamientos autodestructivos, como las drogas, el alcohol, o cualquier otro tipo de adicciones, como por ejemplo a la comida. De cualquier forma, su vida es gris, porque no se atreve ni le interesa tener expectativas. Es como vivir las 24 horas del día con una persona que no te quiere: ¡tú mismo!

Los enemigos de la autoestima

La gran culpable detrás de una baja autoestima es siempre la inseguridad en uno mismo. No tenemos la menor confianza en lo que somos ni en lo que podemos lograr, nos sentimos menos que los demás. Esto evita que podamos tomar decisiones, porque estamos seguros de que vamos a meter la pata, y entonces dependemos de que otros decidan por nosotros, lo cual es nefasto. Aparte, hacemos crecer nuestros defectos, no tomamos en cuenta nuestras cualidades, y cualquier problema nos pone a temblar. ¡No se puede vivir así!

Y todavía no acabamos. Porque de esta inseguridad nacen también cuatro enemigos de la autoestima, que te mantienen aplastado contra el suelo:

• *Los complejos*

De inferioridad, de superioridad (que no es más que un complejo de inferioridad, pero disfrazado), de gordo, de flaca, de pobre, de tonto, de culpa... Nos acomplejamos cuando tenemos una imagen distorsionada de nosotros mismos y de nuestra realidad. Creemos que estamos mal, eso nos fastidia y todo el tiempo estamos colgando de ese complejo que marca nuestras acciones y nuestras reacciones, como también la forma que tenemos de relacionarnos con los demás.

Todo el tiempo nos estamos comparando con otros, y por supuesto, salimos perdiendo en la comparación. No decimos lo que pensamos ni lo que sentimos, porque tenemos temor de que nos rechacen; para colmo, estamos convencidos de que todo lo malo que sucede, ocurre por nuestra culpa.

• *La necesidad de aprobación*

Claro, como estamos acomplejados e inseguros, necesitamos que la gente nos acepte. Dependemos mucho de los demás, y nos colgamos de ellos porque nos aterra que nos abandonen. Esta necesidad de aprobación nos obliga a vivir para los demás y para

el qué dirán, y a veces hasta mentimos o manipula-
mos, todo con tal de sentirnos aceptados.

Esto puede ser peligroso, porque esa necesidad de
aprobación nos involucra en relaciones que nos hacen sufrir, o con amigos que no nos convienen, o con
gente que abusa de nosotros. Y por supuesto, nos ale-
ja cada vez más de la autorrealización.

¿Otra característica de este enemigo? Nos hace
analizar mucho todo: lo que dijimos, lo que nos dijeron, lo que deberíamos haber hecho... o sea, nos
enredamos todo el tiempo en telarañas mentales que
no nos dejan ser felices.

• *Temor al fracaso*

Fracasar significa, para quien tiene baja autoestima, quedar en ridículo. Y esto sí que no lo podemos
soportar, porque la gente no nada más nos rechaza-
rá, sino que se reirá de nosotros. Pero como estamos seguros de que vamos a fracasar, nos derrota-
mos de antemano y preferimos no intentar las cosas,
o abandonar los proyectos o relaciones al mínimo
tropiezo. Andamos desmotivados, somos inconstan-
tes, nada nos importa (aparentemente) y no avanza-
mos, sino que damos un paso hacia atrás. Y eso...
¡ni para tomar vuelo!

Este temor al fracaso puede ser tan poderoso que
cualquier frustración nos agobia demasiado, y caemos en el hoyo más negro cada vez que efectivamente
nos equivocamos o le decimos que no a un proyec-

to, o renunciamos a tener una relación, o nos aco-bardamos al primer obstáculo. Esto hace que nos des-preciemos todavía más, y nuestra autoestima sigue bajando.

• *Temor a la gente*

Una cosa es ser tímido a veces, o ante determi-nada gente o circunstancias, y otra muy diferente te-ner una timidez tan grande que nos impida relacio-narnos con los demás. Esto hace que nos aislemos. Curiosamente, le tenemos pavor a la soledad, pero como no nos atrevemos a relacionarnos con la gen-te, a hacer amigos, a salir con alguien, estamos so-los casi todo el tiempo y eso provoca que nos sinta-mos todavía peor.

Como puedes darte cuenta, es muy difícil vivir con una baja autoestima. Es como pasar tus días de-trás de una torre de cristal a través de la cual puedes ver el mundo, pero de la cual no te atreves a salir. Como si tuvieras puesto todo el tiempo un freno de mano que no te deja mover. Para colmo, son círcu-los viciosos, y éstos se convierten en una espiral que nos lleva cada día más abajo.

Una guía para lograr una autoestima saludable

La buena noticia es que puedes hacer bastantes cosas para recuperar o reconstruir tu autoestima. Aquí te damos una guía que en realidad es un plan completo para aprender a quererte, pero cada una de las estrategias dará su resultado particular. Quiero decir que, cada una te ayudará a sentirte mejor, de modo que si las practicas todas, pronto habrás elevado tu nivel de autoestima y te sentirás diferente.

- *Cambia lo que puedas y acepta lo demás*
  Si recuerdas, éste fue también el primer camino hacia la autorrealización. Hay cosas que puedes cambiar y cosas que ni intentarlo, porque es imposible. Y esto va desde tu aspecto físico hasta tu entorno inmediato. El secreto está en ver qué tienes, qué está en tus manos cambiar, y qué es lo que no tiene remedio. Puedes, por ejemplo, mejorar tu aspecto. Cosas así. ¿Qué no puedes cambiar? Pues la situación del país, por ejemplo; o el hecho de que no tienes una casa con alberca, o los ojos grandes y azules.

- *¡No te dejes!*
  Otro de los síntomas de la baja autoestima es que quien la padece normalmente deja que los demás le pisoteen. En sentido figurativo, claro, porque si esto es en sentido literal, necesitas tratamiento psi-

quiátrico. Tienes todo el derecho del mundo a que los demás te respeten, te traten bien y no intenten aprovecharse de ti. Pero la triste realidad es que si te pisotean, se debe a que tú te estás dejando. Así que no te dejes y protesta. Quien se moleste porque no te dejaste pisotear, ya tiene dos trabajos.

• No vivas en función de lo que otros opinen

Una de mis mejores amigas acaba de descubrir que hay una cantidad de cosas que ella no se atrevió a hacer porque los demás opinaban que ella no era capaz de lograrlo. Por fortuna, ahora está remediando esa situación, y ahora vive para sí misma. Lo que quiero decirte es que debes tener tus propias opiniones, hacer lo que a ti te parezca correcto, y fijarte tus propias metas sin tomar demasiado en cuenta la opinión de los demás. Si tú SABES que puedes hacerlo, entonces PUEDES. ¡Punto!

• No te estés comparando con el resto de la gente

Todos somos diferentes. Tú, como persona, eres único y distinto a todos los demás. En ese sentido, trata de ser tú y no te midas con la vara con la que mides al resto de la gente. Las comparaciones siempre son malas, sobre todo cuando sales perdiendo en dicha comparación. Y también cuando sales ganando. Tú debes ser tú por ti, y no por otros. Tú eres tu propia motivación principal. En ningún lado vas a encontrar una motivación ni siquiera parecida.

• *Date ánimos*

En vez de estarte reprochando todo el tiempo por tus debilidades o tus equivocaciones, procura darte ánimos. Para esto, nada mejor que tratarte como si tú fueras tu propio mejor amigo (de hecho, deberías de serlo), y no como tu peor enemigo. Si un amigo se equivoca o fracasa, no le vas a decir que es un estúpido bueno para nada: le dirás que aprenda de la experiencia, que no sea tan duro consigo mismo, que seguramente la próxima vez lo logrará; si está deprimido, no alimentarás su tristeza, sino que intentarás alegrarle; si se siente demasiado consciente de sus defectos, con toda seguridad harás énfasis en sus cualidades. Le levantarás el ánimo. Y eso, es lo que tienes que hacer contigo mismo, todo el tiempo. ¡Vamos, quiérete!

• *Siéntete bien contigo mismo*

Revisa aquellas listas que hiciste en el primer camino. Fíjate muy, muy bien en tus cualidades. Seguramente te parecerán increíbles, pero no lo dudes, ésa es la persona que eres. Y tienes todo el derecho a sentirte bien contigo mismo, porque, ¿sabes?, eres una persona sensacional.

• No tomes el fracaso tan a pecho

Fracasar no es la derrota final. En realidad, cada fracaso te enseña algo y te hace adquirir experiencia. Equivocarse no solamente no es horrible, sino que es necesario para aprender a hacer las cosas. La clave es analizar en qué fallaste, qué fue lo que salió mal, y cómo puedes hacer para no caer en lo mismo otra vez. ¿Has oído eso de que echando a perder se aprende? ¡Es cierto!

• Conoce tus capacidades

Para algo sirves, porque tienes un cerebro que funciona. Para descubrir tus capacidades, simplemente fíjate en lo que te gusta mucho hacer. Por ejemplo, jugar futbol, o pintar, o escribir, o armar cosas. Haz una lista de todas las cosas que sabes hacer, y de lo que te gustaría aprender. Eso te dará un panorama bastante exacto de lo que tienes y de lo que puedes lograr.

• Toma tus propias decisiones

No importa que te equivoques, ya vimos que equivocarse es la forma de aprender. Lo importante aquí es que seas tú quien maneje tu vida, no otra persona. Puedes comenzar con decisiones pequeñas, como qué te vas a poner hoy, para ir tomando después decisiones más difíciles. Aunque más adelante hablaremos de esto con más detalle, una buena forma de tomar una decisión es evaluar los pros y los contras, y ver qué es lo peor que puede pasar si decides una u otra cosa. Además, es de sabios cambiar de opinión, las decisiones que tomes no tienen por qué ser para siempre, y si ves que es la decisión equivocada, puedes rectificar el rumbo, lo cual, por cierto, no significa que estés dando marcha atrás.

• *No le tengas miedo a la gente*

La gente no muerde. Y si de pronto alguien te rechaza, que no te afecte, porque tampoco es para morirse. Toda la gente es insegura en un momento dado, así que no estás solo en tu problema. Anímate a saludar, a participar, a relacionarte con los demás, sin pensar que eres un bicho raro y que nadie te quiere. ¡Eso no es cierto!

• *Disfruta de tu soledad*

Es bueno estar solo a veces, ¿eh? Puedes hacer las cosas que te gustan, puedes pensar, escuchar tu música favorita, crear, tratar de conocerte más a ti mismo. En el momento en que puedas estar a solas contigo mismo sin sentirte aislado, querrá decir que te aceptas y que no necesitas de los demás para ser feliz. Alguien dijo alguna vez: "Cuando como solo, es cuando verdaderamente puedo decir que estoy comiendo con mi mejor amigo".

Quiérete, acéptate, supérate. No tienes que ponerte a ti mismo la bota en el cuello. Sigue esta guía y recupera o construye tu autoestima. Quizá al principio te cueste un poco, pero conforme vayas avanzando, será más y más fácil hacer las cosas que ahora tanto te cuestan. ¡Tú puedes! ¡Todo está en que te convenzas!

"La autoestima positiva opera en el sistema inmunológico de la conciencia, otorgando resistencia, fuerza y la capacidad de regeneración.
Cuando la autoestima es baja, nuestra capacidad de enfrentar las adversidades de la vida bajan. Nos caemos frente a las adversidades y nuestro sentido de propio valor disminuye. Nos dejamos influenciar por el deseo de evitar el dolor en vez de experimentar alegría. Todo lo negativo tiene mas influencia en nosotros en vez de lo positivo."

Nathaniel Branden

3. Arroja el lastre

Cierta vez, una actriz muy famosa decidió realizar un viaje en globo aerostático para hacerse publicidad. Llegó equipada con un maletín bastante pesado, en el que cargaba cosas que pensaba iba a necesitar, como su enorme estuche de cosméticos, dos o tres botellas de perfume, dinero en efectivo, la estatuilla que recientemente había ganado en un festival cinematográfico (para mostrarla a la prensa), paraguas, un abrigo de piel hasta los tobillos para hacer su descenso triunfal, en fin: todo lo que ella consideraba valioso, porque le ayudaba a verse más hermosa o más importante, iba en ese maletín.

La mañana era hermosa cuando, después de cruzar por la explanada donde el globo la esperaba, posar ante las cámaras y conceder varias entrevistas, finalmente subió al aerostato ayudada por el piloto, quien también se encargó de subir a bordo la pesada pieza de equipaje.

Una corriente de fuego surgió desde el tanque principal, y el globo se elevó hacia las nubes. La actriz, feliz, saludaba a la prensa y a sus fanáticos desde la canastilla. Pronto, no fue más que un punto colorido que resaltaba alejándose en el azul del cielo.

Cuando estaban a más de 500 metros de altitud, las cosas comenzaron a ponerse mal. Por algún motivo, el globo comenzó a perder altura. El piloto, hombre experimentado, fue tirando una a una las bolsas de arena que pendían de los bordes de la canastilla. El aparato se elevó un poco, pero una fuerte ráfaga de viento lo sacudió, y comenzaron a descender de nuevo, esta vez con cierta velocidad.

—¡Haga algo! —gritó la actriz, asustada.

El piloto, entonces, tomó el maletín de la mujer, y con gran trabajo lo apoyó en el borde de la canastilla para tirarlo.

—¿Pero qué hace? —preguntó ella.

—Voy a tirar su maletín, señora —respondió el piloto—. Es demasiado pesado, y necesitamos estar lo más ligeros posible para poder elevarnos y tomar una corriente de viento que nos lleve a nuestro destino.

—¿Pero no puede tirar otra cosa? —protestó ella.

—Ya no hay nada más que tirar —respondió él.

—Imposible. Piense en otra forma de arreglar este problema —la actriz adelantó la barbilla, para mostrar que estaba dando una orden—. Todo lo que hay en ese maletín vale mucho dinero, por no hablar de la estatuilla que con tanto trabajo me gané.

El piloto la contempló por un breve momento. El globo seguía descendiendo. Pronto ya no podría elevarlo, y se estrellarían contra el suelo.

—Todo lo que usted lleva en ese maletín, incluyendo su premio, puede reponerse, señora —dijo al fin, con voz firme y pronunciando muy bien las palabras—, pero la vida de usted, y la mía, no tienen precio.

—¿Qué me quiere decir? —inquirió la actriz.

—Que tiene usted que elegir: el maletín, o la vida de ambos. Tirarlo es nuestra única salvación.

En ese momento, viendo en peligro su existencia y la de aquel hombre que le había hablado con la verdad, la actriz se dio cuenta de que lo único que realmente valía la pena en este mundo era conservar la vida para poder seguir el camino hacia la autorrealización. Así que, asintiendo, ayudó al hombre a tirar por la borda el pesado maletín.

El globo respondió como un ser vivo. Libre del lastre que lo arrastraba al suelo y a una catástrofe segura, se elevó. El piloto lo puso en la trayectoria de una corriente de viento y poco después, el aerostato descendió a salvo en una plataforma. De inmediato, la actriz se vio rodeada por una nube de reporteros.

—¿Le gustó su viaje en globo? ¿Qué nos puede decir de su experiencia?

La actriz miró al piloto, y ambos sonrieron. Después, ella se volvió hacia los representantes de la prensa y dijo:

—Sólo puedo decirles que la mujer que subió a ese globo no es la misma que la que bajó. Aprendí que a veces, la única manera de sobrevivir es tirar todo lo que no te sirve.

Imagina que vas por la vida cargando un pesado maletín, lleno de cosas realmente inútiles, como el de la actriz del relato. En ese equipaje van tus complejos, tus culpas, tus traumas, tus errores, tus rencores, tus resentimientos. Si decides no soltarlo, entonces lo arrastrarás adonde vayas, y nunca podrás avanzar demasiado. En cambio, si un día simplemente abres la mano y dejas que se vaya, entonces conocerás un nuevo tipo de libertad.

¿Quién no ha aprendido a aferrarse al pasado? ¿Quién se atreve a salir de sus ataduras y a sanar su vida sin sentirse culpable inmediatamente, creyendo que eso es un comportamiento egoísta, que va contra la educación o los esfuerzos de sus padres? ¿Quién no ha querido de pronto deshacerse de sus temores y correr libre hacia la abundancia y la prosperidad?

Vamos, tira todo lo que no te sirve. No inicies el camino hacia la autorrealización con exceso de equipaje. Deshazte ya de todo lo que te estorba. No puedes comenzar de nuevo si no resuelves primero lo que vienes arrastrando de tiempo atrás. Sacúdete de rencores y de papeles. De trámites y asuntos no resueltos. Saca de tu vida de todo aquello que te impida avanzar.

Comienza por los objetos materiales que abarrotan tu casa, haz espacio para que llegue lo nuevo. Ordena y limpia tu entorno, y te sentirás mucho mejor, porque, simbólicamente, estarás ordenando y limpiando tu vida.

Después, analiza tus actitudes negativas, tus malos hábitos, tus relaciones patológicas, las situaciones que frenan tu autosuperación, y aléjalas de tu vida. Enfrentarte a tus temores es parte vital de esta ruta que juntos hemos emprendido en este libro.

Aleja hoy de tu vida:

- Los objetos inútiles que has guardado durante años, y que sólo sirven para colectar polvo y recuerdos.
- Todo lo viejo que no hayas usado o de lo que no te hayas acordado en dos años: haz espacio para que lo nuevo entre a tu vida.
- Los rencores y resentimientos que sólo te envenenan.
- Los complejos y temores que te impiden avanzar.
- Los malos amigos, los malos consejos, las personas tristes y negativas.
- Todo aquello que te dañe o te haga sentir mal.

La sabia voz del vacío: un relato tibetano

El lama impartía enseñanzas a los monjes y novicios del monasterio. Siguiendo la doctrina de Buda, ponía especial énfasis en captar la transitoriedad de todos los fenómenos, así como de aquietarse, retirarse de los pensamientos y, en meditación profunda, percibir en el glorioso vacío interior la voz de la mente iluminada. Mostraba métodos muy antiguos a sus discípulos para que pudieran apartarse del pensamiento y vaciar la mente de contenidos inútiles.

—Vaciaos, vaciaos —exhortaba incansablemente a los discípulos. Así un día y otro día, con la misma insistencia que las aguas fluyen en el seno del río o el ocaso sigue al amanecer.

—Vaciaos, vaciaos.

Tanto insistiera en ello, que algunos discípulos acudieron a visitar al maestro y le dijeron respetuosamente:

—Venerable maestro, en absoluto ponemos en duda la validez de tus enseñanzas, pero… ¿por qué pones tanto énfasis en que nos vaciemos? ¿Acaso, respetado maestro, no acentúas demasiado ese aspecto de la enseñanza?

—Me gusta que me cuestionéis —dijo el lama—. No quiero que aceptéis nada que no sea sometido al escrutinio de vuestra inteligencia primordial. Ahora

debo llevar a cabo sin demora mi práctica de meditación, pero solicito que todos vosotros os reunáis conmigo en el santuario al anochecer. Quiero que cada uno de vosotros traiga consigo un vaso lleno de agua.

Los discípulos disimularon como pudieron su asombro. ¿Será posible? Les parecía ridículo que su maestro les pidiera que todos fueran al santuario portando un vaso lleno de agua. ¿Se trataría de algún rito especial? ¿Sería una ofrenda que iban a hacer a alguna de las deidades?

El día fue transcurriendo con lenta seguridad, y los discípulos no dejaban de conjeturar sobre la extraña solicitud del maestro. Unos aventuraban si no se trataría de una ceremonia secreta en honor de la misericordiosa Tara; otros pensaban que tal vez era que el lama les iba a hacer leer durante toda la noche las escrituras y que el agua era para evitar la excesiva sequedad de boca; otros confesaban no tener la menor idea del por qué de la insólita petición del maestro.

El sol, anaranjado-oro, se comenzaba a ocultar tras los inmensos picos himalayos, que se divisaban a lo lejos. Los discípulos tomaron cada uno de ellos un vaso y lo llenó de agua. Luego, ansiosos por desvelar el misterio, fueron hasta el santuario y se presentaron ante el maestro.

—Bueno mis amados discípulos —dijo el maestro, sonriendo con su excelente humor—. Ahora vais

a hacer algo muy simple. Golpead los vasos con cualquier objeto. Quiero escuchar el sonido, la música
capaz de brotar de vuestros vasos.

Los discípulos obedecieron. De los vasos no bro-
tó más que un feo sonido sordo.

Entonces el maestro ordenó: —Ahora, vaciad los
vasos y repetid la operación.

Así lo hicieron los monjes. Vaciados los vasos,
golpearon en ellos y surgió un sonido vivo, inten-
so, musical y armonioso. Los discípulos miraron al
lama interrogantes. El maestro esbozó una sonrisita
amorosamente pícara y se limitó a decir:

—Vaso lleno no suena; mente atiborrada no luce.
Os deseo felices sueños.

Los discípulos, un poco avergonzados, compren-
dieron al momento.

"Cuando eliminamos de la mente los densos
nubarrones de ignorancia, en el vacío original
de la misma surge el revelador sonido
de la iluminación."
Siddharta Gautama Buda

4. Piérdele el miedo a decidir

La zorra y el gato conversaban, y cada uno trataba de demostrar que era más inteligente que el otro.

—Yo tengo un truco maravilloso para escapar de los perros —dijo el gato.

—Pues yo tengo mil —presumió la zorra.

En ese momento, escucharon unos furiosos ladridos, y vieron a dos perros que se dirigían hacia ellos a toda velocidad. El gato, rápidamente, se subió a lo alto de un árbol, mientras que la zorra se quedó abajo, sin saber qué hacer.

—¿Cuál de tus mil trucos usarás para que no te agarren los perros? —preguntó el gato, desde lo alto del árbol.

Pero la zorra no pudo decidir a tiempo entre todo lo que sabía hacer; se dejó llevar por el pánico y, en vez de huir, cayó presa de los perros.

Esta fábula del gran Esopo nos muestra que el poder de decisión puede salvarnos la vida. Y es que son muy pocas las personas que se han detenido realmente a reflexionar sobre el increíble poder que tenemos todos y cada uno de nosotros con base en la capacidad de decisión que poseemos. Hemos de tomar conciencia de que son nuestras decisiones las que en última instancia forjan nuestro destino. Toda decisión, aunque al principio parezca insignificante, si es positiva puede aportar mejoras espectaculares a su vida.

Aprender a tomar decisiones es una ruta básica hacia la autorrealización. Como decía el escritor Albert Camus, nuestra vida es la suma de todas nuestras decisiones. No tengas miedo de decidir, porque el no decidir nada, la inacción, también es tomar una decisión.

Es éste un arte que no todo el mundo domina, a pesar de que materialmente vivimos tomando decisiones a cada momento, desde que tenemos uso de razón. El hecho de abrir los ojos y levantarte en la mañana significa que has tomado la decisión de abandonar la maravillosa cama y enfrentarte a lo que te depare ese día, comenzando por la regadera.

No obstante este pequeño detalle de que tomamos decisiones constantemente, la gente sigue pensando en que para que una persona sea realmente madura, debe saber decidir. Supongo que se refieren a las decisiones importantes, como qué carrera vas a elegir, con quién te vas a casar, cómo vas a gastar tu dinero, mudarte o no de casa, tener un hijo y cosas por el estilo. Ese tipo de decisión que, en un momento dado, va a cambiar el rumbo de tu vida.

Lo que pienso es que, si no sabes decidir, por ejemplo, qué te vas a poner ese día, menos vas a poder resolver una cuestión de mayor importancia. En realidad, esa facultad humana de tomar decisiones es algo muy difícil para muchas personas. Sufren, ¿eh? y no sólo eso, sino que se la pasan desesperando a los demás. Yo he visto, por ejemplo, a un indeciso poner de cabeza a una zapatería porque no es capaz de elegir un par de zapatos.

Cómo tomar una buena decisión

La clave está en tomar decisiones acertadas, propias y firmes. El asunto no es tan complicado. Según Roy Disney, hermano mayor del célebre Walt, no es difícil tomar una decisión cuando conoces tus principios y valores, y actúas conforme a ellos. Nosotros agregaríamos que si tomas una decisión con base en lo que deseas y a lo que te conviene, calculas tus riesgos y confías en tus propios recursos, seguramente decidirás con acierto.

Una decisión, buena o mala, puede cambiar el rumbo de tu vida, y esta no es una frase célebre, sino una verdad absoluta. Lo peor del caso es que suele ser sólo con el paso del tiempo que nos damos cuenta si estuvimos acertados o equivocados. Así, la peor decisión de tu vida pudo parecer buena en su momento, pero era tan grande el número de variables, que las cosas no tomaron el rumbo que debían y todo salió al revés. Y, por el contrario, una decisión que pareció errónea puede salir bien.

La conclusión es que la toma de decisiones de ninguna manera es una ciencia exacta. Y tampoco es un asunto de prueba y error (aunque en ocasiones se convierte precisamente en eso), porque la prueba puede ser una oportunidad única y el error puede salir muy caro. Podríamos, entonces, calificarlo como un auténtico arte que pone en juego no sólo la imaginación y la creatividad, sino la capacidad de análisis, el ingenio, el cálculo, el instinto y el siempre interesante factor de riesgo.

¿Cómo entonces se toma una buena decisión? Los expertos en este arte resumen su dominio en cinco claves:

1. Evaluar las posibilidades

No dudamos que haya muchas personas visionarias que se dejen llevar por el primer impulso al tomar una decisión. Pero también hay millones que juegan a diario a la lotería y no se sacan ni un cacahuate. La toma de decisiones debe tener, primero, un enfoque racional. Es necesario evaluar los pros y los contras, tanto los evidentes como los ocultos (aquí entra en juego la imaginación), y otorgar a cada uno un peso específico, es decir, un valor, para obtener una especie de marcador final, que te dirá si tus probabilidades son de ganar, o de perder.

2. Pensar con la cabeza, pero también con el corazón

Evaluadas que están las posibilidades, hay que escuchar a la voz interior. No es seguir un impulso, sino utilizar ese instrumento de raciocinio relámpago que es la mente emocional. Si a pesar de todas las posibilidades en contra, sientes cuál es la decisión correcta, entonces tómala. ¿De qué sirvió entonces la evaluación? Para saber qué puede salir mal y estar preparado para afrontar las posibles torceduras en el ritmo derivadas de las variables.

3. Pedir opiniones calificadas

Hay veces (más de las que uno quisiera) en que las cosas no son tan claras, ni tan fáciles. Si no puedes hacer una evaluación real, si tu voz interior permanece callada, o los pros tienen el mismo peso específico que los contras, es hora de pedir ayuda de gente autorizada para darte una opinión. Esta persona debe ser:

- Alguien en quien confíes.
- Alguien que sepa del asunto.
- Alguien que no esté prejuiciado.
- Alguien que realmente quiera ayudarte.

La sabiduría popular nos advierte que, por lo general, dos cabezas piensan más que una. Lo importante de este punto es que la persona no decidirá por ti: tú tendrás la última palabra, después de haber tomado su consejo, y decidido aplicarlo o no.

4. *Despojarte de presiones*

La presión suele ser pésima consejera. Sea emocional, amorosa, psicológica, económica, laboral. La toma de decisiones es en esencia un acto creativo, y como tal, debe realizarse con la mente tranquila y relajada. Cuando tratas de crear algo sintiéndote presionado, estarás haciendo lo que se llama un "esfuerzo transformado": tu mente dará vueltas y más vueltas sobre lo mismo, o bien se dejará llevar por lo primero que se le ocurra.

Esto de la relajación creativa es históricamente cierto: los grandes pensadores de la humanidad concibieron sus mejores ideas cuando estaban descaradamente tirados al ocio: Galileo soñaba despierto en la Catedral de Pisa cuando se le ocurrió la teoría del péndulo; Newton estaba despatarrado debajo del manzano cuando descubrió las leyes de la gravedad; Leonardo supo cómo desviar el curso del Río Arno un día en que estaba echado en el pasto mirando a las ranas. Así que si debes tomar una decisión, relájate primero, lánzate al ocio, descansa: de esta forma tu mente te dirá lo que quieres saber. Única advertencia: no te eternices para tomar una decisión: hay veces en que tendrás que determinar tus acciones casi al momento; en ese caso, sigue el mismo proceso, pero al doble o triple de velocidad. ¿Ves por qué debes estar relajado?

5. Ser flexible

Un error común es aferrarse a una decisión tomada. Esto da carácter de "permanente" a un error y limita tu campo de acción. De modo que no te cases con tus decisiones, a menos que prueben ser las acertadas después de un tiempo razonable. Por ejemplo: digamos que has decidido poner un negocio de *outsourcing*. Si al cabo de seis meses no has tenido ni un solo cliente, es hora de retrazar tus objetivos ("reinventarte", se dice ahora) y ver, primero, por qué has fallado y, segundo, cambiar el rumbo hacia algo más productivo.

De sabios es cambiar de opinión, así que una mala decisión no tiene por qué ser una cadena perpetua, a menos que hayas decidido meterte al narcotráfico y no te puedas salir porque te balacean. Lo que quiero decirte es que nunca es tarde para arrepentirse. La vida está en cambio constante, como también lo estás tú y tus circunstancias. Lo que hoy es bueno puede no serlo mañana, y lo que hoy parece malo puede resultar el mayor acierto de tu vida. Flexibilidad es el secreto. Pero, hasta que no decidas realmente que debes cambiar tu primera determinación, échale a las cosas todas las ganas del mundo para que funcionen. Porque arrepentirse es una posibilidad, y cambiar de rumbo es una opción, pero es mucho mejor tomar el rumbo correcto desde el principio.

¿Y si me equivoco?

Sí, claro, puede pasar. De hecho, el temor a equivocarse es lo que domina a los indecisos, porque implica un fracaso, y además existe el riesgo de que los demás se burlen de uno.

Pero... ¡libérate de esos temores! En primer lugar, nadie es perfecto, y todo el mundo puede equivocarse. Ya hemos visto, y nunca insistiremos bastante, que los errores no significan fracasos, ni indican que somos tontos. Cambia la palabra "fracaso" por la palabra "experiencia". Uno no nace sabiendo y es cierto que echando a perder se aprende. Si después del análisis previo, y de haber tomado la decisión que consideraste mejor, te das cuenta de que "metiste la pata", bueno, acepta que te equivocaste. Aprende de esta experiencia, revisa tu análisis a ver en dónde falló y vuelve a intentarlo. Esta vez, tendrás muchas probabilidades de éxito.

Lo importante es aprender a tomar decisiones. Comienza por las más pequeñas, y ve aumentando el grado de dificultad poco a poco; así irás adquiriendo confianza y aprendiendo, hasta que te vuelvas un experto. Descubrirás que no es tan difícil como creías.

Empieza hoy a ejercitar tu capacidad de decisión. Toma decisiones a menudo, decisiones que hayas estado posponiendo durante algún tiempo y comienza a experimentar tu verdadero poder. Toma hoy la decisión de dejar de fumar, de iniciar ese curso, de superarte, de terminar con esa persona que sólo te hace sufrir, de comenzar a hacer ejercicio, de crear tu propio negocio, de buscar a la pareja de sus sueños. Como cualquier arte, la toma de decisiones se perfecciona con la práctica. Si eres de carácter indeciso, comienza tomando pequeñas resoluciones; eso te dará confianza para seguir decidiendo. Recuerda, decidir no hacer nada... también es una decisión.

En este punto del camino, cuando ya has recorrido la ruta del autodescubrimiento, reforzado tu autoestima, tirado tu lastre (lo cual, por cierto, puede ser una decisión difícil), en realidad ya has tomado decisiones importantes que tendrán, en tu vida, un impacto tremendamente positivo.

"Las puertas que abrimos y cerramos cada día,
deciden la clase de vida que llevaremos."
Flora Whittemore

"Las buenas decisiones nacen de la experiencia,
y la experiencia nace de malas decisiones."
Anónimo

5. Define tu concepto de éxito y felicidad

Cierta vez, unos peregrinos se aproximaron a Buda, que meditaba bajo un árbol de higos, y le preguntaron:

—Maestro Iluminado, Gran Gautama... ¿qué es lo que más te sorprende de la Humanidad?

Él, sin abrir los ojos, casi sin interrumpir su meditación, les respondió:

—Me asombran los hombres, que pierden la salud para juntar dinero, y luego pierden el dinero para recuperar la salud; y por pensar ansiosamente en el futuro, olvidan el presente de tal forma, que acaban por no vivir ni el presente ni el futuro, viven como si nunca fuesen a morir, y mueren como si nunca hubiesen vivido...

Morir como si nunca hubiésemos vivido... hay una gran sabiduría en esta enseñanza del Iluminado. Significa que muchas veces corremos detrás de algo que se supone debemos tener, y perdemos en el intento lo más valioso que poseíamos. Hacemos a un lado nuestra vida, dedicando todo al trabajo, o a un solo objetivo como si tuviéramos todo el tiempo del mundo a nuestra disposición. Y cuando la vida se acaba, demasiado tarde nos damos cuenta de todo lo que hemos perdido, y de cuán inútiles fueron nuestro esfuerzo y nuestro camino por perseguir algo que en realidad no valía la pena.

Este quinto camino nos plantea preguntas capitales: ¿Qué es lo que realmente quieres lograr? ¿Qué es para ti la autorrealización? ¿Cuál es tu visión de una vida ideal? Partiendo del conocimiento de ti que ya tienes, podrás darte cuenta de qué tan cerca o tan lejos estás de realizarte verdaderamente, cuán realistas son tus expectativas. Define lo que quieres hacer y cómo vas a lograrlo.

Éxito y felicidad: tu propio concepto

La autora Pilar Obón, en su libro *Destellos para alcanzar el éxito**, dice en su introducción:

"El éxito, como la felicidad, puede ser un concepto bastante subjetivo. Cada persona tiene su propia noción de lo que significa ser exitoso: unos lo basan en el dinero, en el poder, en la posición y el estatus. Otros, en vivir tranquilamente, sin deudas ni problemas. Algu-

---

* Publicado por esta casa editorial.

nos más piensan que el éxito está en conseguir el amor, o bien en contar con una seguridad y una estabilidad que sean tanto materiales como espirituales.

"En realidad, el éxito es todas esas cosas, más lo que quieras agregarle. Tiene que ver con que nuestras necesidades básicas estén satisfechas y, también, con el cumplimiento cabal e integral de nuestras necesidades espirituales. Tiene que ver con alcanzar nuestros objetivos, con sentirnos plenos, realizados, gratificados, sin sentimientos de frustración ni envidia.

"Tiene que ver con encontrarnos a nosotros mismos y establecer nuestras metas para poder lograr aquello que más deseamos, y anhelamos.

"El éxito necesita ser total. Si tienes éxito en tu profesión, pero tu vida personal es un desastre, entonces no serás una persona exitosa, porque te faltará cumplir un aspecto vital para ti. Y al revés, si tu vida personal es buena, pero escasa en ingresos, frustrante en cuanto a tus aspiraciones y limitada en cuanto a tus sueños, entonces tampoco podrás decir que has tenido un éxito completo.

"Como todo objetivo vital, el éxito tiene sus requerimientos. Los cuatro elementos cruciales para obtenerlo son: tus talentos y fortalezas; tu deseo apasionado por lograrlo; la gente de la cual te rodeas; y la determinación para hacer que las cosas sucedan.

"¿Es posible alcanzar ese verdadero éxito y lograr una balanza positiva en todos los aspectos de nuestra vida? Sí, lo es.

"*No se trata de una quimera, ni de un sueño imposible que tengas que acariciar el resto de tus días. Es algo que puedes hacer realidad con tu esfuerzo y tu persistencia.*

¿Cuál es, entonces, tu propio concepto de éxito y felicidad? No estamos hablando de lo que otros creen que tú deberías lograr, ni de lo que indican la sociedad, las costumbres y los cánones de conducta. Estamos hablando de lo que tú quieres para ti mismo.

Aquí involucramos a tus sueños, ésos que siempre has tenido, los que se han convertido en las estrellas de tu firmamento personal. ¿Te acuerdas de todos los planes que tenías en tu juventud? O, si todavía eres joven, ¿cuáles son esos sueños, esos objetivos que deseas lograr a lo largo de tu existencia? Vamos, rescátalos. Incluso los que en este momento te parezcan imposibles, y fíjalos en tu corazón y en tu mente, prográmate para realizarlos.

No importa que sean muchos, lo importante es que sepas que puedes lograrlos.

¿Cómo te ves a ti mismo dentro de cinco años? ¿Dentro de diez? ¿En tu madurez? ¿En tu vejez? Esa visión puede convertirse en un proyecto de vida.

En ocasiones, los sueños cambian. Es ese proceso natural de ampliar horizontes del que hablaremos más adelante.

Tengo una amiga que siempre quiso ser libre para escribir. Ha logrado ese sueño, pero resulta que, en estos tiempos difíciles, no gana lo suficiente e incluso está en riesgo de perder su pequeño departamento, que con tantos esfuerzos adquirió.

Pero ella es feliz escribiendo. Ese sueño está realizado. Ahora, lo ha ampliado: quiere tener una casita, con un jardín en donde haya una mecedora de rattán y una mesa, donde pueda escribir y hacer sus preparados de aromaterapia, sus collares (ambos, su sueño alterno) y vivir feliz y tranquila con Óscar, su gato, un precioso ejemplar himalayo que la mira interrogante con sus grandes ojos azules mientras ella sueña en lo que debe lograr.

Piensa... ¿cómo sería tu paraíso terrenal? ¿Qué te gustaría que hubiera en él? ¿Tu familia? ¿O muchos admiradores? ¿Tus flores favoritas? ¿Tus libros amados? ¿Tu colección de mariposas?

Piensa... ¿qué te gustaría hacer como una labor de vida? ¿Escribir novelas? ¿Diseñar edificios? ¿Hacer cuadros o esculturas? ¿Dirigir tu propio negocio? Guíate por tus habilidades y capacidades, por lo que más te interesa, por lo que te gusta hacer, por lo que te hace feliz, por aquello que, cuando lo estás haciendo, las horas pasan sin sentir. Esa, y no otra, es tu realización.

Valora lo que tienes

Los sueños alimentan nuestra fantasía, nos dan motivo para vivir. Pero a veces, como en las palabras de Buda, pueden traicionarnos. No conviertas un sueño en una quimera. No permitas que, por tener los ojos puestos en ese sueño, todo lo que te rodea pierda su valor, y luego resulte que no era lo que realmente querías.

Asiéntate en tu realidad. Valora lo que tienes. Muchas veces la gente no se da cuenta de que posee un tesoro de amor, de salud, de paz interior. Esos tres factores: tus afectos, tu salud y tu estabilidad interna, deben acompañarte siempre, y ser valorados en todo momento. Son ellos los que contribuirán a que definas y logres un éxito y una felicidad válidos y duraderos.

El decálogo del éxito y la felicidad

1. Elige bien tus sueños.
2. Define tu propio concepto de éxito y felicidad.
3. No desdeñes ni descuides lo que tienes, ni lo que has logrado.
4. Ve en pos de aquello que te gusta, que te hace bien, que te convierte en una mejor persona.
5. No te dejes engañar por el brillo del dinero y las posesiones materiales. Nunca se ha visto a un ataúd seguido por un camión de mudanzas y una camioneta de valores, con rumbo todos al cementerio.

6. Busca, en lo que más te gusta, tu proyecto de autorrealización.

7. Crea tu paraíso terrenal, pero vive en tu paraíso espiritual.

8. Cree firmemente en que eres un ser humano completo, creativo, capaz.

9. No permitas que dudas ni temores mermen tu decisión de ser feliz.

10. Valora lo que tienes, y también esos pequeños momentos que constituyen tu felicidad cotidiana, porque ésa es la verdadera felicidad.

"A menudo, la gente intenta
vivir sus vidas hacia atrás;
tratan de tener más cosas, o más dinero,
para poder hacer más de lo que quieren,
para ser más felices.
En realidad, el asunto es todo lo contrario.
Primero debes ser quien realmente eres,
después, debes hacer lo que necesites hacer,
y entonces, obtendrás aquello que deseas."

Margaret Young

6. Traza tus metas y objetivos

La mujer estaba sola en ese desierto inconmensurable. Una tormenta de arena la había alejado de la excavación arqueológica donde trabajaba, y estaba totalmente perdida.

El sol, brillando en el cielo azul como una inmensa bola de oro, era su única guía. Siguiéndolo, sabía que se dirigía hacia el poniente. ¿Pero qué había en el poniente? ¿Hacia dónde exactamente quedaba el campamento?

No lo sabía. Pero esa mujer estaba determinada a sobrevivir. Allá, muy lejos, en el húmedo Londres, la aguardaban su esposo y sus hijos, y no se dejaría morir en esa inmensidad, aunque tuviera todas las posibilidades en contra.

De pronto, a lo lejos surgió ante ella la imagen temblorosa de unas palmeras. ¡Un oasis! Si lograba llegar hasta él, tendría agua, y seguramente podría unirse a alguna caravana que la llevaría al pueblo más cercano.

Pero... ¿y si era un espejismo de su mente torturada? ¿Y si esa salvación que vislumbraba era sólo una ilusión? Estaba familiarizada con ese truco que hace el calor en las arenas del desierto. Bien podría estar esforzándose para llegar a algo que no existía.

Miró hacia arriba, como buscando la ayuda divina. Sentía los labios secos y la piel ardiendo. Estaba a punto de la insolación. Siguió avanzando y por momentos le parecía que las copas de las palmeras se fundían con la arena y desaparecían como un vapor, sólo para reaparecer de nuevo, trémulas y esperanzadoras...

Sí, tenía que ser un espejismo. No era posible que tuviese la suerte increíble de toparse con un oasis ahí, en medio de ninguna parte. ¿O sí?

Sus fuerzas se acababan. Su lengua, reseca, se le pegaba al paladar. Pero ella seguía avanzando hacia su meta, cayendo y levantándose, aproximándose cada vez más a las palmeras, acortando la distancia que separaba la vida de la muerte.

Ni siquiera estaba segura de que habría un oasis ahí. Mas tenía que creerlo. Era eso, o dejarse morir bajo ese sol inclemente.

Avanzó durante mucho tiempo. Trastabillando, tropezando, forzándose a proseguir. Con los ojos fijos en las copas lejanas de las palmeras y la mente concentrada en sus seres queridos y en sus propias ganas de vivir.

Finalmente, tuvo que rendirse ante la terrible realidad. No había ningún oasis. Sólo un espejismo que se desvaneció de repente, dejándola desamparada ante un mar inacabable de arena dorada y ardiente.

La mujer cayó de rodillas. Lloró sin lágrimas, amando rabiosamente la vida, ahora, cuando estaba a punto de perderla.

El ruido de un motor la alertó. Un jeep apareció a su izquierda, aproximándose a ella. El copiloto le hacía señas vigorosas con su sombrero.

Y esta vez era real, no se trataba de ninguna ilusión.

El jeep se detuvo ante ella y el jefe de la expedición bajó de él con una manta y una cantimplora. Tapó a la mujer para evitar que siguiera exponiéndose al sol, y le dio a beber poco a poco del precioso líquido.

—Laureen, qué bueno que te encontré. Es casi un milagro haberte hallado en este desierto.

—¿Cómo... por qué estás aquí? —preguntó ella, con dificultad, mientras él la levantaba en vilo y la subía al jeep.

—Creí ver un oasis, y me dirigí hacia él...

La mujer sonrió. Por alguna coincidencia extraña, ambos habían visto el mismo espejismo, y caminar hacia él fue lo que los hizo encontrarse.

Si ella se hubiera dado por vencida, y no hubiese avanzado hacia su objetivo, aun sin saber si éste era una realidad o un engaño, sus compañeros jamás la habrían encontrado.

Una meta es un objetivo, un punto hacia el cual quieres llegar. Esto implica recorrer un camino que te llevará a ella. Pero así como no podrías encontrar una dirección que no conoces sin la ayuda de un mapa, así tampoco podrás llegar a tus objetivos si no trazas tu ruta.

En este camino hacia la autorrealización, puedes poner tus objetivos en el papel, lo cual te ayudará no solamente a concentrarte en ellos sino a recordarlos. Te digo esto porque muchas veces uno se olvida de sus sueños, de sus metas. O da marcha atrás, o se interrumpe y ya no tiene el valor ni la pasión para retomarlos. Anota tus sueños en un cuaderno, todo aquello que deseas lograr, grande o pequeño, y que te llevará a ese objetivo final que fijamos en el capítulo anterior, y que es lograr tu propio paraíso terrenal, hacer realidad tu concepto de éxito y felicidad.

Cualquier cosa que quieras lograr, es una meta. Una razón de ser. Las metas son lo que te mantiene vivo y funcionando. Dan sentido a tus acciones, dirección a tus decisiones, orientación a tus esfuerzos. Son esos propósitos vitales, a corto, largo y mediano plazo, los que te impulsan a progresar.

Pero, una meta es algo que quieres lograr, un punto al que debes llegar; y eso significa que debes recorrer un camino para alcanzar tu objetivo. Y no todo el mundo está dispuesto a seguir una senda que puede ser espinosa, e incluso hay algunos que jamás la encuentran.

Una meta que no se realiza puede permanecer en calidad de sueño o quimera; puede constituir un objetivo inalcanzable, pero también un motivo de frustración.

Porque en esto de lograr tus propósitos y tus proyectos, existe un arte que es preciso dominar.

1. Trazar una meta

Lo primero entonces es saber qué quieres lograr. Desde lo más sencillo, como comprar un auto, hasta lo más complicado, como conseguir el empleo de tus sueños. Desde los kilos que quieres perder, hasta el éxito y la fama que anhelas. Para cualquier meta, el proceso es siempre el mismo.

Algo que te ayudará es ponerlas por escrito. Haz una lista de tus metas, en el orden que quieras, conforme se te ocurran, sin importar su tamaño ni su relevancia. Esa lista contendrá tus sueños, tus objetivos, el sentido mismo de tu realización personal.

Procura, eso sí, que esas metas sean realizables, acordes con tus capacidades y tus limitaciones, no sólo las actuales, sino las que podrías desarrollar en el futuro. Si tu meta no es realista, si es demasiado para ti, jamás lograrás conquistarla.

2. Fijar prioridades

Ahora, acomoda tus metas por orden de importancia, de mayor a menor. Seguramente, lo que más deseas será lo más difícil o lejano de lograr.

Una vez que fijes prioridades, puedes eliminar aquellas que realmente no constituyan un objetivo. Esto te ayudará a concentrarte en lo más relevante.

3. Organizar tus metas

Fijadas las prioridades, debes ponerle plazo a la realización de cada una. Esto te dará tres categorías:

- *Metas a corto plazo:* Son las que debes conseguir en un plazo máximo de un año. Por ejemplo: un viaje, un curso intensivo, mejorar tu equipo de computación.
- *Metas a mediano plazo:* Son aquellas cuya consecución te llevará entre uno y cinco años, como aprender otro idioma, hacer una maestría, capacitarte para obtener un empleo mejor.
- *Metas a largo plazo:* Para lograrlas, necesitarás más de cinco años. Son las metas más grandes, como comprar una casa, quizá tener un negocio propio empezando de cero, auténticos proyectos de vida.

Sólo tú sabes cuál debe ser el plazo para lograr cada una. Nuevamente, este lapso de tiempo debe ser realista, a menos que te gusten los retos y quieras conseguir mucho en un periodo no muy largo. La idea es que te des tiempo sobrado para conquistar tu meta, pero sin que el proceso se eternice.

4. Planea

Esta etapa es básica. Analiza cada meta para saber cómo llegarás a ella. Hay gente que se imagina un camino que tiene distintas etapas, o una escalera con varios peldaños. Cada etapa, o peldaño, es una meta parcial que debes conquistar hasta alcanzar la que está al final del camino o en lo alto de la escalera.

La planeación debe ser cuidadosa y, sobre todo, exigente.

Por ejemplo, si deseas un mejor empleo, quizá necesites estudiar un posgrado; ésa será tu primera etapa, que constituirá, a su vez, una meta en sí misma, pero a un plazo más corto.

Algunas metas están enlazadas, como en el ejemplo anterior; es decir, conseguir una te llevará a la otra, y así sucesivamente.

5. Persiste

Nada de esto servirá si no te decides a entrar en acción. Puedes trabajar en varias metas al mismo tiempo, pero no deben ser tantas como para dispersar tus energías.

Y una vez que te has puesto en movimiento, el secreto es la persistencia, de la cual hablaremos con mayor abundancia más adelante. Fija esa meta en tu mente todo el tiempo, no te apartes del camino o de la escalera, ni permitas que nada desvíe tu atención. Haz cada día algo que te acerque a ella y no tires la toalla al primer obstáculo, o a la primera caída. Ten en cuenta que si la trazaste con eficiencia, entonces está a tu alcance.

6. *Conquista*

Una meta se conquista con amor a tu propia camiseta. Con una planeación cuidadosa. Con optimismo. Con inteligencia. Aprendiendo de tus errores, sabiendo comenzar de nuevo y ganando confianza en ti mismo a cada paso. Sin dejarte aplastar por un fracaso, ni dejarte volar por un éxito. Es una lucha muy personal que te llenará de vitalidad y te sacará adelante en tus momentos más difíciles.

Porque si realmente te lo propones, no habrá nada que no puedas lograr. Y esto, es más que sólo una frase.

"No me digas que no tienes tiempo suficiente.
Tienes exactamente el mismo número
de horas al día que se le concedieron
a Helen Keller, Luis Pasteur, Miguel Ángel,
la Madre Teresa, Leonardo da Vinci,
Thomas Jefferson y Albert Einstein."

H. Jackson Brown, Jr.

7. Amplía tus horizontes

Los ojos grises del hombre miraban a lo lejos, ahí donde el mar se unía con el cielo y formaba la línea del horizonte. Una línea que, según el pensamiento de su época, marcaba también el fin de la Tierra.

"Dicen que cuando uno llega al horizonte, se encuentra con una gran caída de agua que lo precipita a un vacío sin fondo y a una muerte segura —reflexionaba el hombre—. Pero... ¿y si no fuera así...?"

Él, que había navegado mucho, que se había aventurado a costas lejanas, no había llegado jamás tan lejos como el horizonte. Decían que, más allá del mar conocido, existían espantosos monstruos que devoraban a los barcos y a sus tripulaciones; que era un lugar al que había que evitar a toda costa.

"¿Será cierto? —siguió pensando—. ¿Y si no lo es? ¿Qué habrá más allá del mar? ¿Tal vez una nueva ruta para llegar a las Indias, y evitar así la vía terrestre, larga y llena de peligros?"

Mirando las azules aguas del Mediterráneo, que tantas veces había surcado, el navegante soñó con que podía llegar adonde nadie había llegado antes.

Mucho tiempo, dificultades y frustraciones le costó realizar su sueño.
Pero cuando lo hizo, descubrió un Nuevo Mundo.
El nombre de este soñador era Cristóbal Colón.

Vivimos en un mundo que cambia todos los días. A diario aparecen nuevos dispositivos y procesadores, nuevos sistemas, tecnologías sorprendentes. La ciencia avanza a pasos agigantados, y varios de los antiguos conceptos, que muchos de nosotros aprendimos en la escuela, han cambiado o incluso han desaparecido.

En poco más de un siglo, a partir de la Revolución Industrial, la humanidad ha dado grandes saltos. Algunos comparativos:

- El primer automóvil de motor de combustión interna fue introducido por los hermanos Charles y Frank Duryea en 1893, seguido por el primer automóvil experimental de Henry Ford ese mismo año. Hoy, algunos coches pueden rebasar los 300 kilómetros por hora, y existen cerca de mil millones de autos en el mundo.
- En 1904, Wilbur y Orville Wright realizaron el primer vuelo tripulado en un avión. En 1969, tan sólo 65 años después, el hombre llegó a la Luna.
- En 1876, Alexander Graham Bell presentó al mundo su invento del teléfono. Ocho décadas después, en 1959, se lanzó el primer satélite ar-

tificial, el primer paso para comunicar entre sí a los países del mundo. Hoy, la telefonía celular es parte de la vida diaria.

- En 1901, el físico alemán Wilhelm C. Roentgen fue galardonado con el primer Premio Nobel de Física por su descubrimiento de los rayos X. Hoy, la resonancia magnética y el scanner en tercera dimensión pueden proporcionar imágenes detalladas de todo el cuerpo.

- En 1970, una carta enviada desde Europa podía tardar hasta un mes en llegar a su destino, cuando llegaba. Hoy, gracias al correo electrónico, puedes enviar mensajes instantáneos a cualquier persona, en cualquier parte del mundo.

Y el ritmo aumenta cada vez más. Las propias condiciones sociales y económicas cambian también gracias a factores como la macroeconomía y la globalización.

Dime... ¿tú en dónde estás en medio de todo esto? ¿Avanzas al ritmo del mundo, o te has quedado estancado en tus antiguos conocimientos, aferrado a tu pasado, a lo que aprendiste, sin querer mirar más allá de tu nariz?

Este camino hacia la autorrealización exige que te enteres que eres parte del mundo en que vives.

Y quizá recuperes algo que se ha perdido en medio de esta vorágine de avance y progreso...

La capacidad de maravillarse

En esta época vertiginosa en la que tanto hemos ganado en avances científicos y tecnológicos, hay algo que se pierde cada vez más lejos en la noche de los tiempos, algo que hizo posible esos avances en primer lugar: la capacidad de maravillarnos.

Hoy, de cara a tantos inventos y descubrimientos sorprendentes, nos hemos vuelto indiferentes, y ya nada nos asombra. Esta ceguera ante las maravillas del mundo en que vivimos nos vuelve fríos y desinteresados, apaga nuestra curiosidad y nuestro deseo de investigar, nuestra ansia de aprendizaje y descubrimiento y, en consecuencia, vuelve más estrechos nuestros horizontes, que tan amplios podrían ser.

Es urgente que abras los ojos y te des cuenta de que vives, realmente, en un mundo de maravillas. El simple hecho de encender la televisión y poder ver, quizá en alta definición y pronto en tercera dimensión, lo que sucede al otro lado del mundo, o que una sonda espacial mande a la tierra fotografías de planetas lejanos, o que puedas comunicarte con cualquier persona o sitio en el mundo a través de una computadora, debería bastar para hacerte temblar de asombro.

No por vivir rodeados de maravillas debemos dejar de apreciarlas, de querer saber más, de disfrutar ese milagro cotidiano representado por las cosas más sencillas de la vida. Tenemos que recuperar e incluso infundir en nuestros niños esa capacidad, que todos tenemos pero que hemos olvidado, de sorprendernos y emocionarnos. Porque si esa capacidad de maravillarnos se pierde por completo, ya no habrá más progreso.

Amplía tus horizontes

No te quedes en tu rincón, pues dejar que el mundo pase de largo es un retroceso. Y dar marcha atrás es un lujo que no puedes permitirte.

¡Avanza! Abre los ojos y mira a lo lejos. Visualiza en tu mente todo lo que puedes lograr si te mantienes actualizado, si no dejas de aprender constantemente, de cultivar la curiosidad, la capacidad de asombro y el deseo de investigación.

Después de todo, estás en camino de lograr tu misión en la vida, una que te hará sentir completo, feliz, estable. Ampliando tus horizontes, atreviéndote a ver más allá, a perseguir un sueño lejano, a adueñarte del resto de tu existencia, tendrás el poder para conquistar esa meta dorada que debería ser el fin último de todo ser humano: la autorrealización.

"Cualquiera que deje de aprender será un viejo,
así tenga veinte años u ochenta."
Henry Ford

8. Hecha mano de tu sentido del humor

El pesimista ve un día nublado.
El optimista piensa que pronto saldrá el sol.

El pesimista ve un problema en cada solución.
El optimista ve una solución para cada problema.

El pesimista se obsesiona con lo que no tiene.
El optimista se alegra por lo que tiene.

Si tiene dos naranjas, el pesimista teme que pronto se le acabarán.
En cambio, el optimista piensa que tiene una de sobra para compartir.

El pesimista se aferra al pasado y se preocupa por el futuro.
El optimista aprende del pasado, vive el presente y planea para el futuro.

El pesimista piensa que será difícil alcanzar la felicidad.

El optimista sabe que la felicidad está hecha de pequeños momentos.

No veas lo malo: ve lo bueno. No te fijes en lo que no tienes, sino en lo que tienes. Ve la vida con optimismo, con confianza, con alegría. El sentido del humor es importantísimo para vivir, o más bien, para sobrevivir en este valle lacrimógeno, donde todos los días las noticias nos espetan el número de muertos que hubo en los desastres mundiales, o nos enteran de atentados terroristas o atrocidades por el estilo, además de que es básico para enfrentar los problemas.

¿Qué es exactamente el sentido del humor? Alguien podría decir que es tener ataques de risa loca a cada momento, pero esto no es sentido del humor, sino histeria pura. Otros podrían definirlo como andar siempre contento, lo cual no es exacto. El sentido del humor es aquel que te hace ver las cosas en su justa dimensión, pero bajo un punto de vista positivo. Es, en cierta forma, una actitud ante la vida.

Partamos de una base muy simple: para fruncir la cara y darle una expresión de enojo, necesitas utilizar 47 músculos faciales, lo cual significa un esfuerzo terrible; en cambio, para sonreír, únicamente necesitas mover 17 músculos de tu cara. Físicamente, es más fácil sonreír que poner cara de enojo.

Claro que no siempre es sencillo. Hay veces en que te sientes más con ganas de llorar que de carcajearte. Aquí, aunque no lo creas, interviene también el sentido del humor.

Quienes carecen de él normalmente no sueltan sus corajes y hacen unos entripados horribles. Se dedican a rumiar su enojo y se amargan o se frustran. Por el contrario, quienes tienen sentido del humor saben muy bien que hay situaciones negativas que no pueden arreglarse con una mera sonrisa y que es necesario soltar toda la mala vibra que traen dentro, de modo que lanzan un alarido, o se van a darle a una pelota o buscan cualquier otra forma positiva de desahogarse para recobrar la perspectiva de las cosas.

El sentido del humor te ayuda a encontrar el lado bueno, o no tan malo, de todos los asuntos y circunstancias de tu vida. Es, por lo tanto, una espléndida herramienta para enfrentarte a los problemas, y una ruta básica hacia la autorrealización. Ver el lado humorístico de las cosas no sólo divierte, sino alivia.

Dicen por ahí, y dicen bien, que la risa es gratificante. Te ayuda a respirar mejor, a liberar energía y a limpiar tu alma de las cosas que la molestan. Y es cierto. Recuerdo un día terrible de mudanza, en que estaba yo en medio de una casa enorme, sola, con el caos a mi alrededor. Me hallaba tan cansada que nada más de ver las cajas sentía ganas de llorar. De pronto, mi sentido del humor funcionó y me vi a mí misma hecha una verdadera facha, sentada en el suelo en medio del desastre y el cuadro fue tan cómico que me deshice en carcajadas. Cuando terminé de reírme, ya tenía otro ánimo.

Cualquier problema, por difícil que sea, tiene solución. Si te sientes de malas, irritado, preocupado y pesimista, lo más probable es que te ofusques y no veas la salida, así esté frente a tu nariz. Si aprendes a calmarte, a ver las cosas positivamente y a pensar que no todo puede ser tan malo, seguramente descubrirás que eres capaz de enfrentarte a lo que sea.

Otra ventaja del sentido del humor es que te ayuda muchísimo en tus relaciones con el resto del mundo. Una persona alegre y positiva tiene más atractivo que un buitre taciturno que todo lo ve negro y que se rodea de un halo de mala vibra.

Esencialmente, el sentido del humor te da FUERZA. Fuerza interior, no fuerza física. Al ver el lado humorístico de los problemas, o cuando menos el ángulo desde el cual puedes comenzar a solucionarlos o, si no hay solución inmediata, tomar la actitud que te ayude a sobrellevar todo el asunto, todo será para ti mucho más sencillo.

Lo básico es aprender a reírte de ti mismo. La gente que se toma demasiado en serio normalmente tiene problemas, porque se ve a sí misma como una especie de ser perfecto que no puede fallar. Cuando falla, se siente en ridículo. Y el ridículo puede ser devastador. El miedo al ridículo, aunque normal, casi siempre es limitante. Mucha gente no se atreve a realizar sus proyectos por temor a fracasar y que otros se burlen. Por el contrario, una persona con sentido del humor está muy consciente de sus limitaciones, las acepta y, desde luego, no tiene miedo ni al ridículo ni al fracaso. El ridículo es, para ella, algo que no existe, y el fracaso es sólo una etapa del aprendizaje.

¿Cómo se adquiere el sentido del humor?

Todos tenemos cuando menos un poco de sentido del humor, lo que ocurre es que algunos lo tenemos más desarrollado, y hay quienes lo mandan a dormir definitivamente hasta que lo pierden. Órgano que no se usa se atrofia, dicen. Pero todos sabemos reírnos. No creo que exista una sola persona en todo el mundo que jamás se haya reído en su vida. Si algo le hizo reír, es que tiene capacidad para ver el lado humorístico de las cosas. El secreto es desarrollar esa habilidad. ¿Cómo? Pues pensando positivamente y captando que eres un ser con defectos y virtudes pero, de cualquier forma, bastante simpático. No pienses en lo malo. Piensa en lo bueno. Cuando tengas un problema, tranquilízate y búscale calmadamente sus puntos blancos, que no todos son negros. Dentro de ti existe una alegría por vivir que está tratando de salir. ¡Ayúdala!

Vamos, aprende a reírte. Nadie te puede dar una fórmula exacta para desarrollar tu sentido del humor, porque eso depende enteramente de ti, aquí sólo te damos algunas reglas generales. Sin embargo, sí podemos decirte cuáles son los elementos que estorban al sentido del humor. Algo a lo que llamaremos...

Los enemigos del sentido del humor

La *inseguridad* te hace vulnerable ante el ridículo. Es un estorbo constante que te impide progresar y que bloquea tu capacidad de relacionarte con los demás. También frena tu capacidad para reír y disfrutar de las cosas. Si estás demasiado consciente de tus defectos, y no has aprendido a aceptarte tal y como eres, si dudas de tus capacidades, tu sentido del humor se verá necesariamente entorpecido.

El *fatalismo* es exactamente el polo opuesto al sentido del humor. Una persona fatalista es aquella que todo lo ve negro, que no encuentra gusto en nada, que siempre espera lo peor. Padece, en dos palabras, de pesimismo agudo.

El *aburrimiento* te lleva a muchas cosas peligrosas. Si estás aburrido la mayor parte del tiempo, es porque no tienes planes ni intereses, no te gusta iniciar nuevas cosas y la ilusión es, para ti, una palabra sin significado. Una persona aburrida es una persona opaca. El aburrimiento es como una capa espesa que te rodea y convierte tu carácter en vinagre. El secreto es INTERESARTE. Interesarte por el mundo en que vives, por la gente, por las cosas, por ti como persona y como parte de un entorno. ¿Recuerdas lo que hablamos de recuperar la capacidad de maravillarte?

Si tú padeces de uno o varios de estos elementos bloqueadores... ¡tíralos por la ventana! Usa esos 17 músculos de tu cara y sonríe. Y si puedes, ríete a carcajadas. ¡Después todo será distinto!

> *"Es importante que no te tomes*
> *a ti mismo muy en serio.*
> *La vida es una mágica experiencia,*
> *y la risa y el humor son elementos*
> *esenciales para la felicidad."*
> Deepak Chopra

9. Cultiva relaciones armoniosas

Cierto día, hubo un terrible embotellamiento en la ciudad debido a que el tren se había descarrilado. El atorón de autos se prolongaba por toda la avenida, y parecía que el nudo vial nunca iba a deshacerse.

Al principio, la gente estaba enojada. Tocaba el claxon, gritaba, insultaba. Después, los motores de los autos se apagaron y la gente se resignó a quedarse ahí un buen rato. La mayoría tomó el teléfono celular, para avisar que llegaría tarde, para realizar trámites, o sólo para platicar. Pero conforme pasaron las horas, ya no tuvieron a nadie a quién llamar, y decidieron bajarse a estirar las piernas.

Y así, comenzaron a platicar entre sí. Y muchos de ellos descubrieron que ahí había personas muy simpáticas, con ideas interesantes, a las que jamás hubiesen conocido de no haberse quedado ahí estacionados a la fuerza.

Pronto, la gente reía y se saludaba, se presentaba, intercambiaba tarjetas, teléfonos e impresiones. Se contaron chistes. Se hicieron disertaciones filosóficas. Se formaron grupos de amigables discusiones, incluso una tertulia literaria por ahí; y unos jóvenes pusieron música en su auto estéreo, organizando una fiesta a su alrededor. Los vendedores ambulantes circularon encantados entre la multitud que se divertía bailando, platicando, conociéndose, y entonces las personas comieron y bebieron juntas, pasando uno de los mejores días de su vida.

Al caer la tarde, los trabajadores del municipio pudieron por fin mover el pesado vagón que estorbaba el tráfico, y la vía quedó libre. La gente se subió a sus autos, despidiéndose de sus nuevos amigos, y cada quien volvió a su vida y a su camino. Pero todos se llevaron, en su corazón, el recuerdo de las personas que habían conocido, y durante muchos años contaron cómo surgió la armonía en medio del caos.

Los seres humanos tenemos una energía propia. Cuando esta energía es positiva, la persona irradia una paz y una alegría especiales. Cuando es negativa, lastima todo lo que se interpone a su paso. Y también hay gente que parece un hoyo negro, que roba la energía de los demás.

Este camino hacia la autorrealización te aconseja que te alejes de la gente negativa, que te llena de tristeza, de depresión; gente que siempre se está quejando, o lamentándose de su mala suerte, de sus enfermedades y dolencias, de cuán difícil está la situación.

Rodéate de gente positiva. Mejora tu comunicación, tu empatía, la forma en que te relacionas con los demás. Aprende a escuchar lo que otros tienen que decir. En una palabra, crea relaciones armoniosas, que te alimenten espiritualmente y te hagan sentirte bien.

Cultiva tu inteligencia emocional

Este tipo de inteligencia es la que nos ayuda, primero, a tener control de nuestras emociones y, a través de eso, a relacionarnos con los demás. Algunos son más dotados que otros en esto, pero es una habilidad que podemos desarrollar mediante algunas estrategias.

Fuerza interior

Es sobreponerte a los problemas, a las pequeñas derrotas, a las frustraciones y decepciones, y encontrar, dentro de ti, la motivación para seguir adelante y volver a intentarlo. Es saber ser un pilar para ti y para los demás. Es pensamiento positivo en todo momento y en cualquier circunstancia. Es no perder la esperanza y hacer lo posible porque todo salga bien.

Control de tus emociones

Significa no perder la cabeza en momentos de crisis. Esto se refiere al control de tus impulsos, a frenar los desbordamientos emocionales. Es pensar claramente en medio de las peores emergencias de tu vida. También se refiere a controlar tus estados de ánimo para no dejar que las emociones negativas te aplasten, ni dar cabida a pensamientos negativos y desgastantes.

Las emociones negativas, como la ira, la envidia, la frustración, el dolor y el temor, hacen que el organismo se contraiga, mientras que las emociones positivas, como la alegría y el placer, hacen que nuestro cuerpo se expanda, relajándose. Esto es importante para lograr, en forma consciente, el control de las emociones.

Captar y comprender los sentimientos ajenos

Quienes son ciegos emocionales no pueden ver en el interior de otras personas. Cuando aprendes a ponerte en el lugar de la otra persona, para sentir lo que siente y contemplar las cosas desde su punto de vista, puedes comprenderla lo suficiente como para entablar con ella una comunicación realmente eficaz.

Saber qué hacer, qué decir y cómo reaccionar en el momento adecuado

Este es el resultado de la concordancia de tus dos mentes, la racional y la sensitiva, en cualquier instante, en todos tus momentos, para enfrentarte a las situaciones en la mejor forma, y comunicarte contigo y con quienes te rodean, de una manera eficiente.

Al cultivar tu inteligencia emocional podrás crear relaciones armónicas, fuertes y enriquecedoras con personas que te ayudarán en tu senda hacia la autorrealización.

"Agradezcamos a la gente que nos hace
felices, son los jardineros encantadores
que hacen florecer nuestras almas."

Marcel Proust

10. Persiste

"Si puedes mantener en la dura pelea
alerta el pensamiento y el músculo tirante,
para emplearlos cuando en ti todo flaquea,
menos la voluntad que te dice: ¡Adelante!"
Fragmento del poema "Si"
Rudyard Kipling

Una cosa es ciertísima: tú, y no otra persona, eres tu propio motor. Sólo tú puedes levantarte, o conseguir tus propios objetivos. Nadie va a poder hacer las cosas exactamente como tú las harías, porque eres una persona única. Y, dependes exclusivamente de ti. Esa es la verdadera libertad: saber que pase lo que pase, siempre puedes confiar en ti, que siempre vas a responder, que siempre vas a echarle ganas a las cosas, que siempre vas a tener el control.

La forma de encender el motor es una llave que se llama voluntad. Y la voluntad cansada puede revitalizarse mediante la sugestión positiva. Repítete convencido y rotundo: "yo puedo". Y podrás.

La clave es no dejarte caer, y darte ánimos, y tal vez premiarte cuando las cosas te salen bien. Y a veces, tendrás también que regañarte, y ser un poco duro contigo mismo. Ser el primero que te diga que te levantes, o que vuelvas a intentarlo, o que debes aprender de tus errores. Eso es tener control de ti. Esto, repito, es la verdadera libertad. Tener en la mano las riendas de tu vida significa, en todo momento y sin importar qué tan fea esté la situación, ser capaz de encender tu propio motor, sin ayuda de nadie. Es dar paso tras paso en ese camino que te llevará, con seguridad, a tu propia realización.

Avanza, avanza, siempre hacia adelante.
Modificando quizá el rumbo,
pero jamás retrocediendo ni abandonando
tus metas ni tus sueños.
No des nunca un paso atrás…
¡ni para tomar vuelo!

Índice

Introducción   5

¿Qué es la autorrealización?   7

1. Autodescubrimiento y reinvención. 12

2. Eleva tu autoestima . . . . /. 29

3. Arroja el lastre 44

4. Piérdele el miedo a decidir. 52

5. Define tu concepto de éxito y felicidad. 61

6. Traza tus metas y objetivos. 68

7. Amplía tus horizontes. 76

8. Hecha mano de tu sentido del humor 81

9. Cultiva relaciones armoniosas 88

10. Persiste. 93

Esta obra se terminó de imprimir en los talleres de
IMPRESIONES EDITORIALES
16 de Septiembre No. 29-A Col. San Francisco Culhuacán
C.P. 04260. México, D.F. 5445*5716